Christian Hoffstadt | Lisa Korge (eds.)

TV DRAMEDY

KOMIK UND GEWALT | **COMIC AND VIOLENCE** | COMIQUE ET VIOLENCE
Vol. 4

Series Editors:

Christian Hoffstadt | Andreas Böhn | Anne Peiter | Sabine Müller

Christian Hoffstadt | Lisa Korge (eds.)

TV DRAMEDY

projektverlag.

Bibliographic information published by the Deutsche Nationalbibliothek

The Deutsche Nationalbibliothek lists this publication in the Deutsche Nationalbibliografie; detailed bibliographic data are available in the Internet at http://dnb.d-nb.de.

Bibliografische Information der Deutschen Nationalbibliothek

Die Deutsche Nationalbibliothek verzeichnet diese Publikation in der Deutschen Nationalbibliografie; detaillierte bibliografische Daten sind im Internet über http://dnb.d-nb.de abrufbar.

ISSN 2191-804X
ISBN 978-3-89733-293-5

© projekt verlag, Bochum/Freiburg 2013
www.projektverlag.de

Cover Design: Punkt**KOMMA**Strich, Freiburg
www.punkt-komma-strich.de

Layout: Thomas Jäger

Inhaltsverzeichnis

Einleitung

Christian Hoffstadt ■ Lisa Korge

„Dramedy" ist eine Mischform aus Drama und Comedy, die in zeitgenössischen, allen voran US-amerikanischen TV-Serien immer häufiger anzutreffen ist. Serien wie „Breaking Bad", „Chuck", „Dexter", „The Big C", „Extras", „South Park", „Little Britain" oder auch „New Kids" zeigen dabei eine enorme Bandbreite der Verknüpfung von komischen und tragischen Elementen. Das Spektrum reicht von dramatischen Settings, die Komik als ausgleichendes Element nutzen oder die Absurdität einer tragischen Situation konterkarieren, bis hin zu reinen Comedyserien, die tragische Elemente integrieren oder sogar auf einer Metaebene persiflieren. Nicht immer ist auf den ersten Blick zu erkennen, dass eine TV-Serie Komödie und Tragödie mischt; oft werden Stilmittel des anderen Genres nur punktuell und behutsam als Akzent verwendet, immer häufiger sind beide Genres so stark miteinander verwoben, dass der Mischbegriff „Dramedy" genrebildend erscheint. Auffallend ist zudem das Zusammenspiel verschiedener Arten von Gewalt (körperlich, symbolisch usw.) und Komik, das zum Teil der Unterhaltung dient, zum Teil aber auch durchaus gesellschaftskritisch eingesetzt wird. Gerade bei den US-amerikanischen TV-Serien lässt sich hier die Frage stellen, inwieweit die Mischung von Komik und Gewalt als gesellschaftskritischer Tabubruch verstanden werden kann, der bürgerliche Normen sprengen soll.

Der vorliegende Band der Reihe „Komik und Gewalt" beschäftigt sich mit dem Phänomen „Dramedy" interdisziplinär und schwerpunktmäßig mit zeitgenössischen Serien, bietet jedoch auch Exkurse auf theoretische, historische oder andere Hintergründe sowie Referenzen zu früheren Serien oder anderen medialen Formen. Im Vordergrund der einzelnen Beiträge stehen zum Großteil einzelne TV-Serien wie „Community", „Veronica Mars", „Ally McBeal", „CSI" oder „New Kids"; hinterfragt werden jedoch auch mediale Traditionen, z. B. die Geschichte der Cartoons („Tom und Jerry", „Happy Tree Friends") und Bezüge zu anderen medialen Darstellungsformen.

www.komik-und-gewalt.de

Sane, Sick und Sitcom Humor: Zur Verknüpfung von Gewalt und Komik in Zeichentrick, Cartoon und Anime

Matthias Clemens Hänselmann

Wohl für keine andere Mediengattung ist die humoristische Funktionalisierung von Gewalt so charakteristisch wie für den Zeichentrick. Nicht nur, dass Komik generell konstitutiv für ihn ist, es ist gerade jene gewaltbasierte Unterhaltsamkeit, die ihn auszeichnet, und das trotz seiner kindlichen Zielgruppe – ein Paradox, wie es scheint.

Bereits in seinem Hauptwerk zum Animationsfilm von 1920 konzentriert Edwin Lutz sein Interesse auf die „comic screen drawings" (Lutz 1920, 245), gemäß seiner Beobachtung, dass es sich beim Animationsfilm seiner Zeit primär um „a comic subject" (ebd., 58) handelt. Bezieht man sich auf den zyklischen Serienzeichentrick[1] westlicher Herkunft, ist zu konstatieren, dass Lutz' frühe Einschätzung trotz diverser Entwicklungen im Animationsbereich bis heute gültig ist.

---

1 Gemeint ist jener Typ des Fernsehcartoons, der in seinen i. d. R. kurzen Einzelepisoden Geschichten erzählt, deren Ereignisse und Veränderungen bis zum Ende der jeweiligen Folge wieder rückgängig gemacht werden, so dass die anschließende Episode wieder bei null beginnen kann und die Rezeptionsreihenfolge prinzipiell beliebig ist. Das Gegenmodell dazu bildet die evolutionäre/progressive Zeichentrickserie, für die Weltveränderungen und Charakterentwicklungen charakteristisch sind. – Beidem gegenüber steht der episch-narrative Zeichentrickfilm.

Entsprechend prototypisch galt der Cartoon bald als *das* Kindermedium, denn „all cartoons were supposed to be comic" (Thompson 1980, 110), ehe diese Ansicht allmählich relativiert wurde durch das Aufkommen speziell für Erwachsene bestimmter Zeichentrickfilme, wie dem mit X-Rating versehenen *Fritz the Cat* (1972), und durch die Ausstrahlung bes. von japanischen Zeichentrickserien (*Anime*) im Westen, die explizit Gewalt- und Sexualhandlungen inszenierten. Dabei ist seit jeher gerade „die inhaltliche und formale Präsentation der Gewaltakte als charakteristisches Merkmal des Genres" (Rathmann 2004, 157) des Zeichentricks insgesamt sowie des Cartoons[2] im Speziellen anzusehen.

Im Folgenden sollen zur Klärung dieses Paradoxes die drei zentralen Prinzipien von humoristischer Gewaltdarstellung in *Anime* und westlichem Zeichentrick vorgestellt werden, wobei wir unter „Gewalt" „the overt expression of physical force, with or without a weapon, against self or other, compelling action against one's will on pain of being hurt or killed, or actually hurting or killing" (Gerbner-Gross 1976, 184) verstehen. Im Vorhinein ist festzuhalten, dass der Zeichentrick Gewaltakte deshalb so zentral fokussiert, weil sie prinzipiell hochproblematisch und damit extrem affektiv sind. Je nachdem, ob sie positiv (Unverletztheit der Figur) oder negativ (Figurenzerstörung) resultieren, lässt sich zwischen Sane und Sick Humor unterscheiden.

Sane Humor / Cartoon-Komik

Schon die oft als früheste Filmanimation behandelten *Humorous Phases of Funny Faces* (1906) von Blackton bieten Beispiele von humorisierter Gewalt, wenn der Herr der ersten Sequenz die über sein Benehmen entsetzte Dame bis zur Unkenntlichkeit in Zigarrenrauch hüllt oder sich der Clown der vierten Sequenz vergeblich seiner Auslöschung durch den Schwamm widersetzt. Expliziter und heutigen Konventionen näher sind die Szenen von Cohls *Fantasmagorie* (1908). Dort wird einem Strichmännchen u. a. von einem rasant aufrankenden Pflanzenspross, an dem es sich verfängt, der Kopf vom Körper gerissen, den dann eine andere Figur als Bilboquet-Spielkugel benutzt, ehe das Strichmännchen ihn sich zurück auf den Hals setzt. Hier, scheint es, haben wir zum ersten Mal das Unverwundbarkeitspostulat realisiert, das elementar für den Cartoon werden wird. Es besteht darin, dass jegliche Deformationen einer Zeichentrickfigur derart revidiert werden, dass die Figur keine bleibenden Folgen davonträgt,

---

2   Mit "Cartoon" ist der klassische amerikanische Fernseh-Cartoon wie Betty Boop (1930ff.), Looney Toons (1930-1969) oder Tom and Jerry (1940-1967) gemeint.

sondern immer zu ihrer ursprünglichen Gestalt zurückkehrt; oder wie es Brion formuliert: „Despite the explosion of several hundred sticks of dynamite and bombs and innumerable blows of all sorts, the [...] characters keep [...] the same appearance." (Brion 1990, 38) Doch welchen Zweck erfüllt eine solche Figurenbehandlung, gibt es noch andere ähnliche Operationen und welche Funktion kommt ihnen bei der Humorisierung von Gewalt zu?

Es ist davon auszugehen, dass realistische, direkte Gewalt mit Folgen wie Verletzung, Verstümmelung oder Tod nicht lustig ist. Folglich muss sie so inszeniert werden, als sei sie keine. Dies geschieht im Zeichentrick mittels der interagierenden Aspekte der Distanzierung und der Relativierung. Distanzierung meint eine identifikatorische Absetzung des Zuschauers von den (narrativ benachteiligten) Figuren[3] und somit vom Geschehen insgesamt. Relativierung meint eine partielle Negation der Kommensurabilität von Wirklichkeit und Zeichentrick. Distanzierung und Relativierung sind interdependent, insofern Aspekte der Relativierung kognitive Prozesse der Identifizierung oder des Mitgefühls und Mitfühlens graduell einschränken und damit distanzierend wirken. Relativierung wird durch das Setzen sogenannter Irrealitätsmarker erzielt. Dazu zählen die meist koordiniert eingesetzten akustischen Mittel wie *Mickeymousing, Fun Sounds* oder musikgebundene Erzählweise[4] sowie die visuellen Mittel der abstrakten Darstellungsweise im Comicstil[5], der Handlungsübertragung auf Tierfiguren, des Unverwundbarkeitspostulats und bes. auch der Effektübertreibung. So machen übertreibende Darstellungen deutlich, dass der Schaden, den die Figur infolge einer Gewalteinwirkung erfährt, in keinerlei Verhältnis steht zu dem Schaden, den man selbst in einer entsprechenden Situation davontragen würde. Sie weisen darauf hin, dass das Gezeigte nicht echt ist und auch zur Wirklichkeit insgesamt in einem irrationalen, d. h. komischen Verhältnis steht. Entscheidend ist jedoch, dass Relativierungen erst am Höhepunkt der narrativen Spannung erfolgen, denn so heben sie die Empathie des Zuschauers, die für dessen identifikatorische und miterlebende Involvierung ins Zeichentrickgeschehen nötig ist, nie völlig auf. Die Brutalität, die einer Figur widerfährt, mag für diese relativ harmlos sein, da aber der Zuschauer durch Erfahrungen in der Realität über die theoretische Vehemenz bestimmter gewalttätiger Aktionen

---

3 Zu unterscheiden ist zwischen dem Patiens, der Figur, die Gewalt erleidet, und dem Agens, der gewalttätigen Figur.

4 Musik gibt dabei den Bewegungsrhythmus der Figuren vor und akzentuiert/kommentiert frappante Handlungsmomente wie Zusammenstöße oder Schläge z. B. durch Paukenschläge.

5 „Chibi" oder „Super-deformed Charakters" im Anime; Cutout-Ästhetik bei *South Park* (1997 ff.).

weiß und der Zeichentrick auf dieses Wissen referiert, besteht für den Zuschauer zwischen der physischen Rohheit der Aktion und der potentiellen Eliminierung der Figur ein Spannungsverhältnis. Er fürchtet um das Wohl der Figur und, da er sich emotional an sie bindet, antizipiert er den Schmerz der drohenden Verletzung/Zerstörung der Figur. Diese Angst wird schließlich immer wieder in einem Moment des *comic relief* durch die unerwartete Widerstandsfähigkeit der Figur aufgefangen. „Komisch" ist das im zentralen Wortsinn als etwas (positiv) Unerwartetes. Effektübertreibungen[6] und verharmlosende Begleitumstände (lustige Geräusche, Sternchen etc.) dienen zusätzlich der Befriedigung der Schaulust bzw. bagatellisieren das grundsätzlich aggressiv-destruktive Geschehen und tragen durch ihre Drolligkeit zur lustigen Unterhaltsamkeit bei. Die potentielle Verletzbarkeit der Figuren, auf der dieser Funktionalismus elementar basiert, wird jedoch immer wach gehalten: z. B. durch punktuelle Figurentransformationen[7], indexikalische Zeichen[8] oder explizite Hinweise[9].

Sick Humor

Ausgehend von diesem klassischen Modell verfolgt der neuere Zeichentrick etwa seit Bill Plympton gegenläufige Tendenzen, indem er bewusst gegen das Unverwundbarkeitspostulat verstößt. So kommen in *Happy Tree Friends* (1999ff.)[10] die Figuren fortwährend durch krasse Gewalteinwirkung „ums Leben". Im Zentrum steht hier die Zerstörung der Figur, wobei der Alternanz der Todesart zentrale unterhaltende Bedeutung zukommt. Derartige Sendungen sind nicht mehr lustig im herkömmlichen Sinn, da sich kein *comic relief*

---

6   Vgl. die Serie *Bokusatsu Tenshi Dokuro-chan* (2005/2007), die bei der Tötung Sakura Kusakabes sowohl die physikalischen Körpereigenschaften wie Massenträgheit, Dichte etc. ignoriert und einen Kopf wie einen Wasserballon platzen lässt, als auch physiologische Reaktionen völlig übertreibt und Blut fontänenartig aus dem Leib der männlichen Hauptfigur spritzen lässt, ehe die Figur wiederbelebt ihre ursprüngliche Gestalt zurückerhält.

7   Z. B. ist nach der Explosion einer Dynamitstange direkt vor seinem Gesicht Silvesters sonst behaarter Kopf über drei Einstellungen hinweg völlig kahl; vgl. *Merrie Melodies: Tweet, Tweet, Tweety* (1950).

8   Z. B. weiße über den ganzen Körper verteilte Pflaster; vgl. ebd.

9   Z. B. zerdrückt der Jagdhund Willoughby eine ihm von Bugs Bunny in effigie hingehaltene Tomate und bricht beim Anblick seiner rotverschmierten Hände in Tränen aus im Glauben, er habe Bugs zerquetscht; vgl. *Merry Melodies: The Heckling Hare* (1941).

10 Vgl. auch Marv Newlands *Lupo the Butcher* (1987) und bes. Animationen von Plympton, *Spike and Mike Animation, Cyanide & Happiness* etc.

einstellen kann. Es sind Beispiele sogenannten Sick Humor[11], der extrem konfrontativ Tabubrüche realisiert, d. h. tendenziell randgruppenfokussiert pietätlos, rassistisch, faschistisch, homophob – in einem Wort politisch inkorrekt gegen die Grundprinzipien sozialer Integrität verstößt und einen korrekten mitmenschlichen Umgang konterkariert. Was bleibt, ist die extremste Form einer Schadenfreude, ein Gefühl sadistisch-individualistischer Dominanz, da aus der existenziellen Abnormität[12] einer Person die eigene Überlegenheit sarkastisch abgeleitet wird. Damit sind solche Beispiele wesentlich komplexer und in funktionaler wie pragmatischer Hinsicht stark rezipientenorientiert.

Funktional setzen sie ein gewisses metatextuelles Vorwissen über die narrative Logik des klassischen Cartoons voraus, kokettieren aber mit der Erwartungshaltung des Zuschauers, der entsprechend davon ausgeht, dass die Figuren sich nicht ernsthaft verletzen können. Würde das traditionelle Modell reproduziert und Gewalteinwirkung ohne Folgen bleiben, würde sich der Zuschauer zwar in seiner Annahme bestätigt sehen, jedoch zum Preis der Langeweile. Die tatsächliche Verwundung und gar Tötung einer Figur, die ja an sich aufgrund der Gewalt erwartbar wäre, ist deshalb infolge der durch den klassischen Cartoon etablierten Sehgewohnheit paradoxerweise nicht erwartbar: Sie ist Überraschung, Sensation und erfährt gerade wegen dieses verstörenden Stimulus die Akzeptanz des Zuschauers, weil sie ihn nicht langweilt. Nach der Internalisierung dieses Alternativmodells, d. h. nachdem der Zuschauer diese Art von Figurenbehandlung kennt, behält das Prinzip des *Sick Humor* seinen Reiz dadurch, dass es den Zuschauer, statt mit der Spannung durch Angst vor der Figurenzerstörung, mit einer Spannung konfrontiert, die zwischen der Erwartung der Figurenzerstörung und der tatsächlichen Figurenzerstörung entsteht[13]. Die Figur wird getötet werden: aber wann und wie? Sobald es geschehen ist, tritt zwar ebenfalls Erleichterung ein, doch ist diese nicht komisch, d. h. ins Gute gewendet. Sie gleicht mehr dem Gefühl, eine (Männlichkeits/Mut-)Probe bestanden zu haben, weswegen sich solche Beispiele pragmatisch hinsichtlich ihres Konsumationskontexts bestens mit Horrorfilmen vergleichen lassen und sich ihre Rezeption als

---

11 Vgl. als sprachliche Form bspw. Dundes 1987; Hobby 2010 – Allgemein bspw. Hoffstadt-Höltgen 2011.

12 Gemeint ist jeder extreme Zustand, in dem sich eine Person befindet oder in den sie derart gebracht werden kann, dass sie als *hilfloses Opfer* ausgrenzbar und einem willkürlichen, oft existenz- und gar wesenszerstörenden Zugriff völlig ausgeliefert ist. Der Begriff des „Opfers" charakterisiert die Rolle des Patiens am treffendsten.

13 Spannungsverstärkend kann mit dem Aufschieben der Figurenzerstörung bei gleichzeitiger Bewussthaltung ihrer permanenten Potentialität gespielt werden; vgl. *Happy Tree Friends: Party Animal* (2006).

pubertärer Initiationsritus anbietet.[14] Daher werden als zu zerstörende Figuren solche präferiert, die eine äußerliche Niedlichkeit besitzen und aufgrund dieser Charakterisierung auch den Typ der heilen disneyesken Kinderwelt insgesamt repräsentieren, von dem es sich zu emanzipieren gilt.[15]

Indem die Verletzung/Tötung einer Figur regelmäßig erfolgt, erhält sie eine Absehbarkeit und verliert so, ungeachtet ihrer jeweiligen Explizitheit, an Drastik. Das Konventionelle der Tötung distanziert diese zu einer Erwartbarkeit oder gar Selbstverständlichkeit, wodurch der Inhalt des Aktes (der Tod der Figur) formelhaft und zu etwas Abstraktem wird und das Interesse auf die Form des Aktes, d. h. auf die jeweilige Realisierung der Tötung gelenkt wird. Verständlich, dass das eine stetige Steigerung an spektakulärer Gewalt fordert, um die auf der inhaltlichen Ebene eingebüßte Sensation durch formale Effekte auszugleichen.[16]

Die Schärfe des *Sick Humor* lässt sich relativieren durch Distanzierungsverfahren der filmischen Metaisierung[17]. Solche medialen Selbstbezüge stellen sich ein, wenn *explizit* Apparate der Filmerzeugung (Kamera, Mikrofon, Scheinwerfer etc.) mit Verfremdungseffekt im Film auftauchen, obwohl sie nicht zu dessen zentraler Diegese gehören; oder *implizit* dadurch, dass die Figuren des Films selbst einen Film schauen und damit tendenziell metaleptisch zu Zuschauern von Figuren eines Films werden.

Explizite Metaisierung macht deutlich, dass die Gewaltdarstellung inszeniert, d. h. auch intradiegetisch nicht echt ist, wodurch diese eine beliebige Drastik und Detailliertheit erreichen kann, ohne medienethisch grenzwertig zu werden, da aufgrund des metaisierenden Fiktionalitätsmarkers die entscheidende Grenze zur Wirklichkeit nicht belangt wird.[18]

Implizite Metaisierung führt sozusagen durch die Bild-im-Bild-Struktur zu einer Distanzierung der Gewalt: Der Zeichentrick an sich hat einen hohen Abstraktheitsgrad. Eine Zeichentrick-Sequenz, die in einem Fernseher läuft, der intradiegetisch in einer Zeichentrickgeschichte verortet ist, potenziert diese Abstraktheit durch den Einschub einer weiteren medialen/narrativen Ebene zusätzlich. So brutal die "im Fernseher im Fernseher" gezeigte Handlung auch sein mag, sie ist durch die doppelt mediale Rahmung immer stark fiktionalisiert und

---

14 Auf die Bedeutung von Sick Jokes als Ausweis der eigenen Coolness wurde schon von Pountain-Robins 2000, 26-29, hingewiesen.

15 Zugleich würde es den Effekt mindern, würde es sich um "hässliche" Figuren handeln, da dies dem konventionellen Modell des Kampfs zwischen Gut/Schön gegen Böse/Hässlich zu nahe käme.

16 Vgl. die Tode Kennys in *South Park*.

17 Vgl. zur „Metaisierung" gattungsübergreifend Hauthal et al. 2007.

18 Vgl. die Kriegssimulation in *American Dad: In Country ... Club* (2009).

lässt sich oft metakommunikativ als Kritik am hohen Gewaltgehalt des Fernsehprogramms interpretieren.[19]

Sitcom-Komik

Während Cartoon-Komik durch die Wahrung des Unverwundbarkeitspostulats klar irreal markiert ist, weisen Formen des Sick Humor hinsichtlich der Figurenbehandlung Züge von Realität, bzw. eine Nähe zum Realfilm auf.[20] Je mehr Letztere (z. B. durch die Wahl menschlicher Figuren statt Tieren) gesteigert wird, desto weniger spezifisch zeichentricklich fällt das Ergebnis aus: Der Inhalt ließe sich auch in anderer medialer Form, speziell der des Realfilms realisieren; die Humorisierung von Gewalt gleicht sich der des Slapsticks an.[21] Typisch ist diese Art der Komik u. a. für den *Anime*, der sich i. d. R. durch eine realistische Figurenbehandlung auszeichnet. Das Mittel der Distanzierung zur Legitimierung von Gewalt wird hier oft durch eine informelle oder formale Reduktion des Figurenkerns erreicht. Die informelle Reduktion stellt eine Beschränkung von Informationen zu best. Figuren dar, d. h. es werden generell kaum Angaben zu den Hintergründen dieser Figuren gemacht, die dem Zuschauer eine stärkere Identifikation mit ihnen ermöglichen könnten.[22] Die formale Reduktion ist eine Art der Abstraktion, bei der das körperliche Vermögen einer Figur im Verhältnis zu anderen intradiegetischen (Vergleichs-/Referenz-) Figuren limitiert wird. So kann bspw. deren Sprachvermögen ausgeschaltet, die Bewegungsfähigkeit reduziert, die Denkfähigkeit beschränkt werden etc. Gewalthandlungen einer privilegierten Figur gegenüber derartig deprivierten Figuren erscheinen zulässig oder gar plausibel und das umso mehr, wenn die privilegierte Figur durch die unterprivilegierten Figuren bedroht wird.[23] Der Zuschauer identifiziert sich kaum mit den deprivierten Figuren und kann so aus ihren tollpatschigen bis

---

19 Vgl. die *Itchy & Scratchy Show* in *The Simpsons*; vgl. auch *Family Guy: Lois Kills Stewie* (2007).

20 Vgl. als Zwischenform *Ren & Stimpy* (1991-1996), wo klassische Cartoon-Komik mit psychotisch-surrealen Geschichten und einem vulgären Ergötzen an intendiert ekelerregenden Darstellungen kombiniert wird. Interessant ist auch bes. der rekurrente Aspekt unterdrückter Gewalt.

21 Vgl. Sitcom-Animationen wie *The Simpsons* (1987ff.), *American Dad* (2005ff.) oder *Family Guy* (1999ff.).

22 Die Figuren, die z. B. in The *Ripping Friends: The Indigestible Wad* (2001) von einem mutierten Kaugummi ausgesaugt werden, werden nicht eingeführt, so dass ihr Tod/ihre Verwandlung in Zombies affektiv neutral ist.

23 Vgl. das Gemetzel von Normalmenschen an Zombies in *Highschool of the Dead* (2010).

idiotischen Handlungen schadenfreudige Unterhaltung gewinnen. Die Perpetuierung der Verletzung[24] zum *Running Gag* sowie induzierte Gewaltkomik[25] liefern unterstützende Effekte.

---

24 Wiederholt sich eine (gewalthaltige) Handlung ausreichend oft identisch, wird sie inhaltlich abstrakt und skurril und gibt die an ihr beteiligten Figuren dem Spott des Zuschauers preis. Vgl. die unabsichtlichen anhaltenden Verletzungen von Ayumu und Chiyo beim Volleyballspiel in *Azumanga Daioh: Osakas Tag* (2002).

25 Eine Technik der Zuschauerlenkung, bei der durch Montage eine Gewaltszene mit der Einstellung einer über diese Gewalt erheiterten Figur verknüpft wird, die den Zuschauer darauf verweist, dass der Gewaltakt lustig ist und er entsprechend mit Amüsiertheit darauf reagieren soll. Vgl. zum Nelsons Hohnlachen in *The Simpsons*.

Literatur

Brion, P. (1990): Tom and Jerry. The Definitive Guile to Their Animated Adventures, New York.

Dundes,A. (1987): Cracking Jokes. Studies of Sick Humor Cycles and Stereotypes, Berkeley.

Gerbner, G.; Gross, L. (Juni 1976): Living With Television. The Violence Profile. In: Journal of Communication 26, 2. 172-194.

Hauthal, J. u. a. (Hrsg.) (2007): Metaisierung in Literatur und anderen Medien. Theoretische Grundlagen. Historische Perspektiven, Metagattungen, Funktionen, Berlin/New York.

Hobby, B. (Hrsg.) (2010): Dark Humor, New York.

Hoffstadt, C.; Höltgen, S. (Hrsg.) (2011): Sick Humor. In der Reihe: Komik und Gewalt. Bd. 1, Bochum, Freiburg.

Lutz, E. G. (1926 [Copyright 1920]): Animated Cartoons. How They Are Made, Their Origin and Development, New York.

Pountain, D.; Robins, D. (2000): Cool Rules. Anatomy of an Attitude, London.

Rathmann, C. (2004): Was gibt's denn da zu lachen? Lustige Zeichentrickserien und ihre Rezeption durch Kinder unter besonderer Berücksichtigung der präsentierten Gewalt, München.

Thompson, K. (1980): Implications of the Cel Animation Technique. In: Teresa de Lauretis, Stephen Heath (Hrsg.): The Cinematic Apparatus, London. 106-120.

Die tragische Komik der Figur des imaginären Widergängers – Ein Element zeitgenössischen Qualitätsfernsehens aus den USA?

Markus Kügle

Das Phänomen

Der Tod ist nicht das Ende. Diese im Grunde doch recht tröstliche Botschaft wird aktuell in nahezu allen erfolgreichen Fernsehserien aus Nordamerika verbreitet – sowohl explizit als auch implizit. Jens Eder beobachtete hierzu, „dass sich Todesmotive in erfolgreichen US-Serien seit etwa zehn Jahren häufen und intensivieren" (Eder 2011, 295). Doch ebenso wie die Präsentation von Motiven des Todes prosperieren auch jene, welche sich dezidiert mit dem Topos der Auferstehung befassen. Hierzu muss jedoch vorweg angemerkt werden, dass die bloße Idee einer Rückkehr von den Toten in heutigen geradezu exzessiv medial geprägten Wahrnehmungen eher klingen mag, wie die Prämisse eines Horrorfilmes: ruhelose Geister finden erst dann Erlösung, wenn sie eine finale Botschaft überbracht haben. Jedoch hat mittlerweile das grundlegende Prinzip eines solchen Umstandes zunehmend Eingang in die unterschiedlichsten fiktionalen Formate der TV-Landschaft gefunden. Von besonderem Interesse ist nun, wie inszenatorisch diese Auseinandersetzungen mit dem Leben danach erfolgen – und mit welcher Intention im Hinblick auf die Geschichte und ihre Figur(en).

Plakativ und eher der alt(ehrwürdig)en Tradition klassischer *gothic stories* verhaftet, wird das Widergängertum bei *Medium* (NBC, 2004 – 2011), *Ghost Whisperer* (CBS, 2005 – 2010), *True Blood* (HBO, seit 2008), *Vampire Diaries* (The CW, seit 2009) und *The Walking Dead* (AMC, seit 2010) zelebriert. Anderweitig wurde jedoch das bloße Konzept des Widergängers einer markanten Modifizierung unterzogen. Denn in erster Linie soll zwischenzeitlich nicht mehr Angst und Schrecken verbreitet werden. Stattdessen wird darauf abgezielt, den Zuschauern gleichermaßen Humor und Tragik zu vermitteln, sie in ein emotionales Wechselbad der Gefühle taumeln zu lassen. So fällt unter eine solche Thematik ebenso die sich sukzessive ausdifferenzierende Gattung des forensischen Krimis, beziehungsweise des *medical thrillers* – *CSI: Crime Scene Investigation* (CBS, seit 2000), *Crossing Jordan* (NBC, 2001 – 2007), *Cold Case* (CBS, 2003 – 2010), *Bones* (FOX, seit 2005) und *Body of Proof* (ABC, seit 2010) können dafür exemplifiziert werden. Auch in diesem Format der Fernsehserie kehren nämlich im übertragenen Sinne die Toten wieder und haben Botschaften zu verkünden (dies korrespondiert mit einer beinahe schon alttestamentarisch anmutenden Annahme, dass die Verstorbenen erst dann in Frieden ruhen können, wenn die ‚Wahrheit' ans Licht käme – was in diesen (Mord)Fällen mit der Ergreifung des Täters gleichzusetzen ist).

Subtilere Auseinandersetzungen erfolgen sodann in *Dead like me* (Showtime, 2003 – 2004), *Pushing Daisies* (ABC, 2007 – 2008) und *Drop Dead Diva* (FOX, seit 2009). Hier scheint die Frage nach einem sinnvoll geführten Leben und dessen vermeintlichem Wert vordergründig, welche in der offerierten ‚zweiten Chance' nach dem eigentlichen Tod prägnant zutage tritt. Bemerkenswert ist allerdings die Konzeption der von Jens Eder sogenannten „[s]ubjektive[n] Todes-Imaginationen" (Eder 2011, 289).

Fern jeder diegetischen Realität erstehen nämlich die Toten ebenfalls wieder auf und erzwingen Dialoge und Auseinandersetzungen. Bei ihnen handelt es sich mitnichten um Zombies oder die Geister Verstorbener. Sie entspringen ganz und gar der Vorstellungskraft jener Figur, mit welcher sie Zwiesprache halten. Somit sind diese streng genommen eher als Halluzinationen zu kategorisieren, doch wird ihre Erscheinung explizit als ‚Rückkehr von den Toten', als ‚Auferstehung' thematisiert. Dabei offenbaren sie schonungslos innere Konflikte und fungieren quasi als Sprachrohr für das bisher Unausgesprochene (vgl. Eder 2011,

279). Vorrangig auf dieses Element zeitgenössischen Qualitätsfernsehens aus den USA soll im Folgenden der Fokus gerückt werden. Erwähnenswert in diesem Kontext sind insbesondere *Six Feet Under* (HBO, 2001–2005), *House M.D.* (FOX, seit 2004) und *Dexter* (Showtime, seit 2006).[1]

Jenes imaginäre Widergängertum, welches in diesen Serien zur Schau gestellt wird, soll im Folgenden als (Stil)Mittel audiovisuellen Erzählens begriffen werden. Hierfür lohnt sich eine Re-Lektüre der Theorien von André Bazin, ebenso wie jener von Gilles Deleuze, welche bislang hauptsächlich im Bereich des Kinos Verwendung und Einsatz fanden. Spezifische ästhetische Ausprägungen im Bereich Fernsehen sollen somit also anhand filmtheoretischer Methoden analysiert werden, „gerade weil es [das Televisuelle] keine eindeutigen visuellen Formen hervorbringt und weil es nicht ein isolierbares und eigenständiges ästhetisches Phänomen darstellt" (Adelmann/Stauff 2006, 57). Ansätze solcher Art können spätestens seit der sogenannten Ära des *Quality TV* in besonderem Maße fruchtbar gemacht werden. In dieser, von Robert J. Thompson so titulierten ‚Zweiten Goldenen Ära des Fernsehens' (1996) zeichnen sich die Serien schließlich überwiegend dadurch aus, dass sie, frei nach einem Slogan von HBO, eben ‚Not TV' sein wollen/sollen, weswegen auch bewusst in verschiedensten Hinsichten Anleihen beim Medium Kinofilm genommen werden. Diese cineastische Affinität forciert somit geradezu eine analytische Herangehensweise, welche sich klar auf Methoden im Umgang mit dem Kinofilm und seine spezifischen Erzählformen als Referenz bezieht. Die Arbeiten Kristin Thompsons – *Storytelling in Film and Television* (2003) – und Jeremy G. Butlers *Television Style* (2010) sind in diesem Zusammenhang zu nennen, während im deutschsprachigen Raum vorwiegend Joan Kristin Bleicher dezidiert über *Medien-Stil = Medienästhetik? Die Bedeutung des Stils für die Medienforschung* (2010) räsoniert. Zunehmend bildet sich im Übrigen für eine solche Ausrichtung der Erforschung von televisuellen Texten die Vokabel „Cinematic Television" (Rothemund 2012, 15) heraus. Da sich die zeitgenössische Fernsehserie somit weitestgehend aktueller Ausdrucksformen audiovisueller Erzählungen bedient, lohnt es sich prinzipiell, diese Aspekte

---

1 Auch wenn in *Monk* (NBC, 2002 – 2009) der Titelheld ebenfalls Zwiegespräche mit seiner verstorbenen Frau geführt hat …

allgemein im Sinne einer *Entwicklung der kinematographischen Sprache* (1950)
– frei nach André Bazin – zu betrachten.

In Tradition von ...

Die Rückkehr der lebenden Toten? Ein Blick in die Historie der nordamerikanischen Fernsehserienkultur zeigt, dass solcherlei Prinzipen durchaus schon
länger existieren, explizit wenn es sich um eine Wiederauferstehung handelt,
welche fern jeglicher Anleihen aus phantastischen Gefilden motiviert wird, wie
es beispielsweise noch bei *Dark Shadows* (ABC, 1966 – 1971) der Fall war. Bezeichnenderweise kehrte in *Dallas* (CBS, 1978 – 1991) anno 1986 der eine Staffel zuvor
in Folge 191 an den Folgen eines Autounfalls verschiedene Bobby Ewing (Patrick
Duffy) in der 222. Episode – *Blast From The Past* – von den Toten zurück. Scheinbar, als wäre nichts gewesen, trat er damals quicklebendig aus der Dusche – dies
zum maßlosen Entsetzen seiner Ehefrau Pamela (Victoria Principal). Die hatte
nämlich zwischenzeitlich einen anderen geheiratet. ‚Logisch' erklärt wird dieses Widergängertum durch folgenden ‚Sachverhalt': die komplette neunte Staffel der Serie war ein (Alb)Traum von Pamela Ewing. Auch wenn es sich hier lediglich um einen hanebüchenen Kniff der Drehbuchautoren gehandelt hat, um
den Schauspieler Patrick Duffy[2] wieder ansatzweise plausibel in den fiktiven
Dallas-Kosmos einzugliedern, machte eine derart tollkühne Herangehensweise in Sachen Dramaturgie unter Einbezug äußerst surreal anmutender Tendenzen Schule. Zwar nicht in unmittelbarer Folge, doch kann durchaus jene ‚Traum-
Staffel', welche in der Auferstehung Bobby Ewings kulminierte, als Inspiration
oder vielmehr Impulsgeber für den jeglicher kausal erklärbaren Logik entge-
genlaufenden Handlungsverlauf der finalen *season* der Sitcom *Roseanne* (ABC,
1988 – 1997) angenommen werden.

Hier stellt sich nämlich letztendlich heraus, dass die Titelheldin (Roseanne
Barr), im Grunde ähnlich wie dereinst Pamela Ewing, die Geschichte(n) der vorangegangenen 24 Episoden schlichtweg imaginiert habe – hier jedoch konkretisiert in Form eines Buches, welches sie (einer plötzlich auftretenden Schrift-
stellerambition nachgehend) die vergangenen 23 Episoden während, im Begriff
zu schreiben war. Dass es sich dabei zudem um die 222. Folge – *Into that good
Night (Part 2)* – dieser Serie handelte, mag als zusätzlicher augenzwinkernder
Verweis auf den betreffenden Umstand bei *Dallas* angesehen werden. Weitaus

---

2   Dieser ist zuvor aus der Serie ausgestiegen, hat seinen Entschluss jedoch alsobald bereut.

prägnanter im Kontext dieser Arbeit ist jedoch der Umstand zu sehen, dass Dan Connor (John Goodman), zuvor an einem Herzinfarkt verstorben, mittels Kraft der Gedanken seiner Frau Roseanne quasi wiederbelebt wurde. Dieses Prinzip, welches im ersten Jahrzehnt des 21sten Jahrhunderts verstärkt(er) Eingang in die Serienlandschaft gefunden hat, tritt dort schon auf. Nur ist anzumerken, dass die Wiederkehr Dan Connors um einiges konsequenter in ein (zumindest größtenteils) überzeugend wirkendes Handlungsgebilde eingefügt wurde – die ‚Auflösung' und somit Kennzeichnung als reine Imagination fand sodann erst in der letzten Folge statt. Inwiefern haben nun dramaturgische Konstellationen solcherart zwischenzeitlich eine Veränderung und Weiterentwicklung erfahren?

Zum einen sei der Umstand angeführt, dass diese skurrilen ‚Solo-Séancen' mittlerweile effektiver in den Ablauf des jeweiligen Mainplots eingebunden sind – ihn auf diese Weise jedoch nicht an seinem Fortgang hindern. Will heißen, sie tragen vornehmlich dazu bei, die Aspekte, Nuancen und Facetten des Charakters der betreffenden Figur präziser bestimmen zu können – dies jedoch in äußert konzentrierter und kompakter Form.[3] Wolfgang Hagen weist, was einen solchen Sachverhalt angeht, auf die Tatsache hin, dass „[i]n den komplexen Handlungssträngen der Serien des Qualitätsfernsehens [...] große und komplexe Grade an Information und Wissen vermittelt" (Hagen 2011, 253) werden. Meist müsse dies allerdings „beiläufig und unmerklich" (ebd.) vonstatten gehen. Soll der dramaturgische Kniff des imaginierten Widergängertums somit in erster Linie als Lösung für die immanente Misere möglichst ökonomischen Erzählens angesehen werden?

Wahr-Nehmungskonfigurationen

Falls ja, falls dem imaginierten Widergänger somit eine immense Funktion beizumessen ist, muss seine konkrete Darstellung besondere Beachtung finden. Schließlich handelt es sich bei ihm um die Projektion einer verstorbenen Person und nicht um eine reine Phantasiegestalt. Hinsichtlich des „öffentliche[n] Umgang[s] mit tote[n] Körpern" (Stollfuß 2008, 61) stellen sich jedoch dezidierte Visualisierungen als nicht unbedingt risikofreies Unterfangen heraus. Sven Stollfuß hat dies im Jahre 2008 noch als kritisch bezeichnet, „treffen [doch] bei

---

3   In Abkehr zu *Dallas* und *Roseanne* werden demzufolge postum keine kompletten (Neben) Handlungsstränge mehr als vollkommene und reine Illusion deklariert.

einer allgemeinen Frage nach ‚Leben' und ‚Tod' gesellschaftliche, kulturelle und vor allem religiöse Meinungsdisparitäten aufeinander" (Ebd.).

Dem gegenüberzustellen sind nun im Wesentlichen zwei Aspekte. Einerseits, wie Jens Eder 2011 anführte, sinke hier die Hemmschwelle drastisch: „Todesdarstellungen dienen als dramaturgische Unterhaltungsmittel, die intensive Gefühle hervorrufen und im Wettkampf um die Aufmerksamkeit der Zuschauer unter bestimmten Rahmenbedingungen eingesetzt werden". (Eder 2011, 278) Dies kann gleichwohl als Folge einer Enttabuisierung jenes diffizilen Themas angesehen werden. Denn, wie Tina Weber anmerkt, das „Besondere an diesen aktuellen Serienphänomenen ist, dass die Leichen hier nicht nur als flüchtig gezeigter Ausgangspunkt [...] dienen, sondern ihnen im Verlauf von Nachforschungen, Untersuchungen oder Bestattungen konkrete Aufmerksamkeit zukommt" (Weber 2007, 542). Ergo: Der Tod in seinen divergenten Facetten scheint mittlerweile im Bereich der Mainstream-Unterhaltung bei weitem kein verpöntes Terrain mehr zu sein.[4] Andererseits lässt sich beobachten, dass die Verstorbenen der „[s]ubjektive[n] Todes-Imaginationen" (Eder 2011, 289) in keinster Weise gemäß den Klischees phantastischer Filme präsentiert werden. Sie erscheinen nicht im körperlich versehrten, unter Umständen grausam entstellten Zustand ihres Ablebens oder werden gar als stereotype Untote gezeichnet.[5] Vielmehr treten sie gemeinhin als Projektion aus der besten, für sie vorteilhaftesten Erinnerung derjenigen Figur auf, welche sie imaginiert. Dies kann durchaus im Sinne einer Zensur gewertet werden. Eine unter Umständen moralisch anstößige Zurschaustellung des lebendigen Leichnams, welcher klar ersichtlich noch die Spuren seines Todesumstandes am Körper trägt, wird somit

---

4   Hierfür im direkten Vergleich ein Blick zurück in die Goldene Ära Hollywoods: Als Billy Wilder das Drehbuch zu *Sunset Boulevard* (R.: Billy Wilder, USA 1950) schrieb, hatte er zunächst im Sinn, seine Tragikomödie in einer Leichenhalle beginnen zu lassen. Die Toten sollten sich dort gegenseitig von den Umständen ihres Ablebens erzählen. Eine derartige Exposition, die so furios Comedy mit Drama vereint, schien zu damaliger Zeit den Produzenten äußerst gewagt – Hollywood befand sich dato noch im strengen Würgegriff des Hays Codes. Solcherart schwarzer Humor galt somit klar als politisch unkorrekt.

5   Als Ausnahme muss in diesem Zusammenhang jedoch eine Folge aus *CSI: Las Vegas* [S07E03 – *Toe Tags*] erwähnt werden. Hier erstehen die Toten (nicht nur von den Folgen der Obduktion) stark verunstaltet in der Leichenhalle auf – mit fehlendem Hirn hier und abgetrenntem Arm da. Abgesehen davon ist jedoch eine solch horrible Ästhetik minoritär in ihrem televisuellen Vorkommen.

ausgeblendet[6] – für den Zuschauer ebenso wie für die ihn imaginierende, betrachtende und mit ihm kommunizierende Figur.

Ein so gearteter Aspekt wird bei *House M. D.* deutlich: in Episode 16 der vierten Staffel (*Wilson's Heart*) halluziniert der Titelheld dieser Serie (Hugh Laurie), dass Dr. Amber Volakis (Anne Dudek) – dato noch im Koma liegend, aber bereits dem Tode geweiht – aufersteht und ihn auf eklatante Versäumnisse in der sie betreffenden Diagnose hinweist. Amber ist dabei von den Folgen des Busunfalls körperlich schwer gezeichnet. Als sie jedoch in *Saviors*, der 21. Episode der fünften Staffel ‚wiederkehrt', ist sie frei von Verletzungen wie offenen Wunden und Blutergüssen. Auch macht sie hinsichtlich ihres Teints einen lebendigen und keineswegs ‚untoten' Eindruck. Den von Sven Stollfuß angemerkten Aspekt, dass es sich bei Darstellungen von Verstorbenen prinzipiell um ein „kritisches Unterfangen" (Stollfuß 2008, 61) handle, wird demzufolge aller Maßnahmen von Enttabuisierung des Topos Thanatos zum Trotz augenscheinlich noch äußerst penibel Rechnung getragen. Prägnant ist darüber hinaus, dass der allgemein filmische Status solcher ‚Traum-Sequenzen', welcher sie formal eindeutig als solcher ausstellt, im Begriff ist zu verschwinden. Konnte noch im Bereich der Mainstream-Unterhaltung bis zum Ende der 1990er Jahre davon ausgegangen werden, dass Szenen, welche ausschließlich dem Geist der Figuren entspringen, insofern also inszenatorisch klar gekennzeichnet sind, so gestalten sich nunmehr in der Diegese von audiovisuellen Produkten die Übergänge von ‚Traum' und ‚Wirklichkeit' ungleich fließender. Jens Eder zieht diesbezüglich Parallelen zum Umstand der ‚unzuverlässigen Narration'[7], wenn er feststellt, dass „solche Arten der Subjektivierung nicht [mehr] durch audiovisuelle Signale markiert sind" (Eder, 2011 289). Darüber hinaus lassen sich hier ebenso Einflüsse moderner Literatur nachweisen: Insbesondere der Tatbestand von unmarkierten Selbstgesprächen plädiert quasi für das Attribut eines „Magic Realism" (Lavery 2005, 19). Galt allgemein im Film quasi als Stilmittel der frei nach André Bazin so bezeichneten kinematographischen Sprache die Regel, dass Zustände außerhalb der diegetischen Wirklichkeit eindeutig als solche zu kennzeichnen sind (abgesehen von audiovisuellen Produkten der Avantgarde, wie etwa die surrealistischen Filme eines Luis Buñuel), ist dieses Gebot nunmehr in einer Auflösung begriffen. Die imaginierte Welt ist in ihrer Ästhetik vollkommen kohärent

---

6 In *Beetlejuice* (R.: Tim Burton, USA 1988) traten die Verstorbenen im Jenseits noch im Zustand ihres Ablebens auf – comichaft grotesk deformiert.

7 Insbesondere Einflüsse der *mindgame movies*, welche sich gegen Ende der 1990er Jahre gemeinhin als Kino-Erfolge profilieren konnten, sind hier überaus ersichtlich.

mit der diegetischen Realität, die Übergänge in eine solche werden nicht mehr trennscharf markiert.

Bei *Six Feet Under* hingegen wurde im Jahre 2001 mit ihnen noch operiert, allerdings marginal – so verändert sich die Tonspur merklich, wenn Nathaniel Fisher Sr. (Richard Jenkins) in der Leichenhalle erscheint: es ist keine Musik, kein atmosphärischer Sound oder expliziter Toneffekt mehr zu vernehmen, lediglich der Dialog. Diese Serie, vor allem ihr Pilot, demonstriert somit den Prozess der kontinuierlichen Auflösung solcher Markierungen am anschaulichsten, da ebenso ,Auferstehungen' präsentiert werden, welche ohne Verfremdungseffekte auskommen, wie die Erscheinung Nathaniel Fishers Sr. bei seinem Sohn Dave (Michael C. Hall), der dessen Leiche präpariert. Spezifische Visualisierungsstrategien finden allerdings noch beim Wiedereintritt in die ,Realität' Verwendung, wenn die Imagination als solche aufgelöst wird. Dies darf zweifelsohne als Replik auf folgende Tatsache gelesen werden: Mittlerweile sind Inszenierungsmodi wie verklärende Weißblenden und sphärische Klänge, die in den Traum überleiten und eine Verfremdung jener bewegten Bilder, welche in reiner Imagination der betreffenden Figur spielen, beinahe schon zu reinsten Klischees[8] verkommen. Deutlich exemplifiziert werden können hier Verklärungen mithilfe von Weichzeichner-Effekten und Überbelichtungen, welche bislang überdurchschnittlich oft Verwendung fanden und durchaus Assoziationen zu Ikonen und Idiomen aus dem Bereich christlicher Heilslehre wachriefen. Folglich kann konstatiert werden, dass aufgrund von regelrechten Profanisierungen, welche durch den häufigen Gebrauch eingetreten sind, so eingesetzte ,Markierungspunkte' zwischenzeitlich entfallen. Kaum noch findet sich ein deutlich so ausgewiesener Beginn der wie und aus welchen Gründen auch immer imaginierten Sequenz – sei es (Alb)Traum, Halluzination oder Vision. Lediglich das Ende einer solchen wird vereinzelt auffällig(er) vermittelt. Übergänge zwischen den ,Welten' sind somit zuhauf im Bereich der Visualität nicht mehr als solche eindeutig kenntlich gemacht. Da demnach das Prinzip einer Grenzüberschreitung nicht mehr wirkmächtig ausgestellt wird, scheint ebenso die Darstellung einer ,anderen Seite' bedeutungslos. Die Traumgestalten empfangen den Träumenden nicht mehr in ,ihrer' Welt sondern betreten wie selbstverständlich jene der diegetischen Realität.

Vorrangig dieser Aspekt scheint verstärkt mit jenen Prämissen aus dem Genre des modernen Horrorfilms zu korrelieren, doch muss ebenso der fehlende Kontrast als trennscharfe Abkehr zu diesem diagnostiziert werden. Das Un – oder

---

8   Im Bereich der Sitcoms geradezu inflationär gebraucht.

Übernatürliche tritt nicht als klar ausgewiesener und genauso inszenierter Fremdkörper in das Leben der betreffenden Figur. Nein, über weite Strecken wird die Zwiesprache mit der nicht leiblich anwesenden Person als konventionelles Gespräch inszeniert. Auch das Moment der Verblüffung oder des Entsetzens über die Phantastik der Situation wird in keinster Weise sonderlich affektvoll ausgereizt – im Bereich Horror – oder Gruselfilm würde es sich schließlich hier um den entscheidenden Effekt handeln. Im Sinne dieser Abkehr wird allmählich ebenso ein Inszenierungsmodus hinfällig, welcher sich als ‚aufklärende Schlusseinstellungen' solcher halluzinierter Dialoge bezeichnen lässt. Wenn ein imaginierter Dialog beendet ist, demonstriert eine Einstellung, dass sich die Person alleine im Raum aufhält, womit die Suggerierung einhergeht, dass sie die ganze Zeit über lediglich mit sich selbst gesprochen hat. „Erst im Nachhinein stellt sich heraus, dass dies nur Fantasien waren" (Eder 2011, 289). Neben dem Impetus, an solcher Stelle einen Markierungspunkt zu setzen, beinhaltet eine derartige Szene zudem ein diffamierendes Potential. Überdeutlich wird darauf hingewiesen, dass der Wahrnehmung dieser Figur nicht zu trauen ist, was Distanz schafft, sie nicht unbedingt als vertrauenerweckende erzählende Instanz ausweist und somit Identifikationsprozesse vermindert – eine plakative Ausstellung des Umstands eines unzuverlässigen Erzählers. Zudem wurden des Öfteren auch für das Publikum Beobachtungen zweiter Ordnung auf das Geschehen eingeführt, will heißen die im Selbstgespräch vertiefte Figur wird währenddessen von einer anderen unbeteiligten dabei beobachtet, was den schon erwähnten diffamierenden Effekt verstärkt und dazu beiträgt, bewusst klare Grenzen im offensichtlichen Spannungsfeld von Traum und Realität zu ziehen. Bei *House M. D.* fand ein so gearteter Darstellungsmodus gehäuft Einsatz, wenn die Wahnvorstellungen von Patienten veranschaulicht wurden.[9] Thomas Elsaesser spricht in einem ähnlich gelagerten Zusammenhang – nämlich jenem der *mindgame movies* – von einer „sich distanzierenden Narration" (Elsaesser 2009, 254). Dies könnte somit als Nachhall von André Bazins Appell „Schneiden verboten" (Bazin 2004, 75) verstanden werden, was die unbedingte Forderung nach einer Objektivität des Filmes, einer „Ontologie der filmischen Fabel" (Bazin 2004, 84) zum Ziel hatte. So sind nunmehr Tendenzen hin zu einem radikal subjektivierten Film auszumachen, was Bazin sicherlich vehement abgelehnt hätte, da dies definitiv nicht seinem Konzept eines totalen Kinos entspräche. Die Grenzen der diegetischen Realität verschwimmen also mehr und mehr, wenn Serienformate den Tod als Sujet fokussieren. Dies wiederum macht allerdings selbst

---

9   U. a. in: S01E02, S02E01 S02E23, S02E24. S03E02, S03E07, S03E16, S04E04, S06E16 und S07E03.

nach Bazin durchaus Sinn, wenn er konstatiert, dass der „Tod [...] nichts anderes als der Sieg der Zeit" (Bazin 2004, 33) sei. Denn dieser Erkenntnis ist selbst heute noch, angesichts aktueller Produkte des Audiovisuellen, vorbehaltlos beizupflichten. Aber was, wenn die *temporalité de l'histoire* im (post)modernen Film scheinbar beliebig moduliert werden kann?

Im Umkehrschluss muss festgestellt werden, dass in einer solchen narrativen Konstruktion die Zeit den Tod nicht mehr besiegen kann. Die Abbildfunktion balsamiert den menschlichen Körper fraglos ein. Sie garantiert eine „Unvergänglichkeit der Form" (Bazin 2004, 33), eben im unversehrten, allgemein so angenommenen ,erinnerungswürdigen' Zustand. Damit nimmt sie ihm jedoch auch bis zu einem gewissen Grad den Schrecken. Infolgedessen kann durchaus die sich global durchsetzende achronologische Erzählweise im postmodernen Kino als nicht zu unterschätzender Aspekt in der Entwicklung einer fortschreitenden Enttabuisierung des Todes angenommen werden. Ferner drohe laut Bazin ein „zweite[r], geistige[r]Tod" (Bazin 2004, 34), jener des Vergessens nämlich, welcher mittels der vermeintlich objektiven Abbildungsfunktion von Photographie und Kinematographie entgegengewirkt werden könne. Doch so objektiv, wie noch von Bazin hoffnungsvoll angenommen, ist die Darstellung im Film freilich nicht. Hierzu haben seit seiner *Ontologie des photographischen Bildes* unzählige audiovisuelle Produkte mittels höchst reflexiver Verfahren den Gegenbeweis angetreten.[10] Jedoch ist es interessant zu vermerken, dass jene Themen, welche er in den Fokus stellt – Tod und Vergessen in Relation zum Phänomen Zeit – im Grunde auch jene des imaginierten Widergängertums sind. Auch hier spielen diese zwei ,Tode' eine signifikante Rolle. Die Zeit wird überwunden und der geistige Tod besiegt, weshalb imaginiertes Widergängertum nun zuvörderst als Erzählelement zeitgenössischen Qualitätsfernsehens aus Nordamerika angesehen werden muss. Die Bazin'sche photo-realistische Sprache des Filmes hat sich demzufolge entschieden weiterentwickelt. Objektivität ist der Subjektivität gewichen, allerdings nicht vollends – oft sind sie nur noch schwerlich zu differenzieren (vgl. Eder 2011, 289). Allerdings befinden sich nicht nur diese Zustände in einem Prozess der Amalgamierung. Überaus auffällig ist darüber hinaus das weitgehend homogene Zusammenspiel verschiedenster Arten von Gewalt und Komik, welches zum Teil der Unterhaltung dient, zum Teil aber

---

10 Exemplifiziert werden können hier u. a. die pseudodokumentarischen Filme, welche gemeinhin als *mockumentaries* bekannt sind, sowie Essayfilme.

auch durchaus psychologisch vertiefte Charakterzeichnungen gestattet, womit zudem klar lancierte medienreflexive Tendenzen einhergehen.

Tragische Komponenten

Die Geister Verstorbener erstehen wieder auf und provozieren Dialoge und Auseinandersetzungen. Einerseits speist sich der ganz spezielle Reiz solcher Zwiegespräche aus dem morbiden Flair der Gesprächskonstellation – die betreffende Person ist schließlich *de facto* tot, zumeist unter schrecklichen Bedingungen ums Leben gekommen. Bei *Six Feet Under* starb Nathaniel Fisher Senior an den Folgen eines Autounfalls. Bei *House M. D.* erlag Dr. Amber Volakis ihren Verletzungen, die sie sich bei einem Busunglück zugezogen hatte – außerdem infolge einer Fehldiagnose und der daraus resultierenden falschen und somit tödlichen Behandlung. In *Dexter* tötete der Titelheld (Michael C. Hall) seinen Bruder (er ließ ihn ausbluten, nachdem er ihm die Kehle durchgeschnitten hatte) und scheint überdies das verfrühte Ableben seines Vaters (Herzinfarkt) zumindest mitverschuldet zu haben – jener hatte ihn kurz zuvor bei einer seiner rituellen Tötungen überrascht und darauf über alle Maßen angewidert und entsetzt reagiert. Nirgendwo in der aktuellen Serienlandschaft des nordamerikanischen Fernsehens findet sich in dieser Hinsicht ein Verstorbener, welcher von einem vergleichsweise friedlichen Tod ereilt worden wäre (vgl. Eder 2011, 277). So erfährt durch die Manifestation des ‚Geistes‘, oder vielmehr dessen Projektion jener betreffenden Person der Umstand ihres Ablebens eine latente Anwesenheit, wodurch nicht nur rationale Auseinandersetzung, sondern auch eine persönliche Aufarbeitung mit dem Tod förmlich erzwungen wird. In diesem Sinne wird Nathaniel ‚Nate‘ Fisher Junior (Peter Krause) folgerichtig erstmalig mit dem ‚Geist‘ seines Vaters in der Pathologie konfrontiert, just als er dessen Leiche identifizieren soll. „This is what you've been running away you're whole life, buddy-boy", wird ihm unbarmherzig von diesem mitgeteilt. "Scared the crap out of you, when you're growing up, didn't it? And you thought you'd escape, well, guess what? Oh, nobody escape!" [18:08 – 18:30] Was hier zutage tritt, ist – relativ simpel zu analysieren – ein ausgeprägter ‚Schuldkomplex‘ der verstorbenen Person gegenüber. Nate hat sich von seiner Familie, insbesondere dem Bestattungsunternehmen, welches als Familienbetrieb geführt wurde, abgewandt und ist nun in jeder Hinsicht zur Rückkehr gezwungen. Er muss die Nachfolge des Vaters antreten, als Bestatter und gleichwohl neues Oberhaupt der Familie. Diese Entwicklung nimmt mit der Tatsache, dass explizit er die Leiche identifizieren soll, seinen Anfang. Durchaus kann behauptet werden, dass er von Mutter und Schwester förmlich in die Leichenhalle gedrängt wurde. Somit scheint sein Lebensweg von nun an geradezu deterministisch vorgezeichnet, was mit dem Verweis darauf, dass es kein Entkommen gäbe, beinahe schon bedrohlich konkretisiert wird. Doch nicht nur Nate Fisher hegt dem Verstorbenen gegenüber zwiespältige Gefühle, auch sein Bruder befand und befindet sich mit diesem in einem eher dysfunktionalen Verhältnis, welches sich wie folgt artikuliert: „Als David die Leiche seines Vaters für die Aufbahrung herrichtet, überkommt ihn die Vorstellung, der Tote beobachtet ihn und kritisiere zynisch seine Arbeit" (Eder 2011, 289).

Ähnlich verhält es sich bei *House M. D.* [S05E22 *House Divided*]. Dort bringt die imaginierte Amber eine offenbar plausible Erklärung für ihre Erscheinung – auch konkret in Bezug auf die ‚äußere' Form ihrer Manifestation. Denn es sei bei weitem keine bloße Phantasie, dass Gregory House ausgerechnet von der toten Lebensgefährtin seines besten Freundes Wilson halluziniere. „Or maybe your guilt of Kutners suicide reminds you how guilty you felt about me" [02:48 – 02:51]. House war einerseits dafür verantwortlich, dass Amber in dem Bus saß, welcher verunglückte, andererseits ist es ihm nicht gelungen, sie zu retten – obgleich er in Besitz der für die richtige Behandlung notwendigen Information war.

Ebenso muss sich der Titelheld in *Dexter* damit auseinandersetzen, dass er seinen Bruder (Christian Camargo) getötet hat [S02E02]. „Well, if it helps, I can tell you that it's not your fault. What you did to me", erklärt ihm dieser einfühlsam. Auch wenn sich Dexter gegen eine solche Aussage wehrt und verkündet „I never said it was", wird er bezüglich seines Innenlebens von der Halluzination eines Besseren belehrt.

Brian Moser setzt ihn davon in Kenntnis, dass er trotz aller Rationalität und vermeintlich emotionaler Kälte genau so empfinde. Zusätzlich wird diese Sequenz äußerst plakativ durch religiöse Symbolik aufgeladen. Ort der Handlung ist hier eine Kirche, in welcher eine Messe anlässlich der Beerdigung des Ex-Mannes von Dexters Lebensgefährtin abgehalten wird. Brian erscheint, nachdem Dexter eine Pietá-Skulptur betrachtet hat, welche ohnehin bereits auf die Thematik einer Auferstehung hindeutet. Gegenargumente, dass Dexter ein Psychopath und somit zu keinen menschlichen Emotionen fähig sei, scheinen in Hinsicht ihrer Intention nicht zu fruchten. Brian Moser bleibt in seiner Nähe und fungiert weiterhin als ‚Schlechtes Gewissen'. (Selbst wenn Dexter ihn am Ende der zweiten Episode der Staffel 2 ‚loslassen' kann, kehrt Brian in der siebten Folge der sechsten Staffel vorübergehend wieder). Anhand dieser Beispiele lässt sich der Ansatz entwickeln, dass *in puncto* Versinnbildlichung eines

Schuldkomplexes oder, um nicht in unangebrachten psychoanalytischen Jargon zu verfallen, einer „Backstorywound" (Krützen 2006, 33) das imaginierte Widergängertum eine neu entstandene Form audiovisuellen Erzählens darstellt. Diese findet zwischenzeitlich in verschiedensten ‚Genres', oder vielmehr Formaten Anwendung. Eine ‚Wunde in der Vorgeschichte' steht emblematisch für „ein unverarbeitetes Erlebnis aus der Vergangenheit der Hauptfigur, das ihren zentralen Charakterzug motiviert (Ebd.). Da nach Roland Barthes Figuren immer einen „strukturalen Status" (Barthes 1988, 121) besitzen, schließt dies kategorisch aus, dass sie mittels Methoden der Psychologie erfasst werden können. Deswegen wird der Begriff Schuldkomplex vermieden. Zweifelsohne können solche „[s]ubjektive[n] Todes-Imaginationen" (Eder 2011, 289) in Hinblick auf Erkenntnisse eher mittels einer Analyse der audiovisuellen Erzählung fruchtbar gemacht werden. Doch handelt es sich hier nur um einen Aspekt des Phänomens. Überaus bemerkenswert ist die Tatsache, dass sukzessive eine Abkehr von eindeutigen Markierungen der phantastisch anmutenden Szenen erfolgt. Dies spricht zumal für eine konkretisierende Subjektivierung. Kaum noch eine Diffamierung der Person findet statt, wenn sie beispielsweise Selbstgespräche führt. Auf solcherart Sichtweisen von außen auf die Szenerie wird zunehmend verzichtet. Dexter unterhält sich bevorzugt mit seinem Vater Harry (James Remar), wenn er alleine ist, was die Gefahr eines ‚Ertapptwerdens' beim Selbstgespräch minimiert. Höchstens, wie Jens Eder es beschreibt, eine „surreale Inszenierung" (Eder 2011, 289) kennzeichnet das Phantasmatische der Szenen noch. Harry Morgan erschien so in den ersten Staffeln von *Dexter* noch weitestgehend schemenhaft, mittels Unschärfe und Überbelichtung, doch dieses Darstellungsverfahrens wurde sich zwischenzeitlich, in der sechsten *season*, entledigt.[11]

Diesbezüglich leistet allerdings *House M. D.* einen besonderen Beitrag zum Verfremdungseffekt des Realen. In der Episode 22 der fünften Staffel wird kurzzeitig gar die Fiktion als realer denn die Serien-Wirklichkeit ausgestellt. Im Kommunikationsakt mit Amber nimmt Gregory House mit einem Mal die Mitarbeiter seines Teams verfremdet in Schwarzweiß wahr [23:20 – 23:28] während er sich mit Amber weiterhin in Farbe unterhält. Zudem ist der Plottwist zum Staffelfinale darauf ausgerichtet, dass die imaginierte Zweisamkeit mit Lisa Cuddy (Lisa Edelstein), der Direktorin des *Princeton Plainsboro Hospitals* letztendlich als Halluzination, als *Mindgame* entlarvt wird. Weniger denn je steht nun die Intention im Vordergrund, bezüglich der ‚Wirklichkeit' des betreffenden Dialogs ‚Klarheit' zu schaffen. Mehr geht es darum, das Innenleben adäquat zu ‚veräußerlichen'

---

11 Darüber hinaus ist bezüglich der sechsten Staffel von *Dexter* anzumerken, dass neben dem Titelheld ebenso sein Antagonist von einem imaginierten Widergänger ‚geplagt' wird.

und damit die persönliche Sicht auf die Welt. Diese Subjektivierung geht demzufolge einher mit einem anders gearteten Umgang, was das Phänomen Zeit betrifft. Wie schon angemerkt, eliminiert die narrative Achronologie Bazins Konzept einer photo-realistischen *temporalité de l'histoire* regelrecht.

Doch lässt sich dieses ergiebig verwenden, wenn dem Bild ein anderer Status unterstellt wird. Genau dies hat Gilles Deleuze angedacht. Ebenso wie für Bazin hat auch er die filmischen Erzeugnisse des Neorealismus als bedeutsame Exempel lanciert. Denn gerade die Vertreter dieser kinematographischen Gattung bedeuteten bezüglich ihrer nachhaltigen Wirkmacht für Gilles Deleuze zwar ebenfalls einen Umbruch, dies allerdings in einer der Bazin'schen zuwiderlaufenden oder je nach Lesart weiterführenden Intention. So beruft sich Deleuze zwar auf Bazin und ist mit ihm dahingehend einer Meinung, dass der Neorealismus „demnach einen neuen Bildtypus" (Deleuze 1990, 11) hervorgebracht habe, doch stand er der Behauptung, dass die Innovation dieses sogenannten „Tatsachenbildes" (Deleuze 1990, 11) in einem „Mehr aus Realität" (Deleuze 1990, 11) bestünde, äußerst skeptisch gegenüber. „Für uns steht jedoch keineswegs fest, ob sich das Problem überhaupt auf der Ebene des Realen stellt. Haben wir es nicht vielmehr mit einer mentalen Ebene, und zwar in Begriffen des Denkens zu tun?" (Deleuze 1990, 11). Diese Fragestellung kann helfen, das Phänomen des imaginierten Widergängertums hinsichtlich des Status seines Bildes passgenauer zu erfassen. Basierend auf einer solchen Annahme hat Gilles Deleuze eine visuell verfasste Ontologie entworfen. Oliver Fahle fasst diese wie folgt kurz zusammen:

Zeit, sagt Deleuze, teilt sich immer in zwei Momente, den „der vorübergehenden Gegenwarten und den der sich bewahrenden Vergangenheiten. Die Zeit lässt die Gegenwart vorübergehen und bewahrt zugleich die Vergangenheit in sich" (1991, 132). Das heißt, der eigentliche Grund der Zeit liegt in der Zeitspaltung. Jeder Moment enthält gleichsam zwei Bilder, eines das vorüberzieht und ein anderes, das aufbewahrt wird (Fahle 2002, 102).

Explizit aus diesen sich überlagernden Bildern speist sich, so meine These, die Modulierung des halluzinierten Charakters. Im Sinne von Deleuze ist demnach gerade dieser gespaltene Moment im Rahmen (s)einer Subjektivität von Bedeutung. Oliver Fahle hat auf die diesbezügliche Relevanz, was die „Basis einer Bildtheorie des Fernsehens" (Fahle 2006, 86) angeht, schon hingewiesen. Objektiv sei somit lediglich noch ein „Merkmal gewisser existierender Bilder, die von Natur aus doppelt sind" (Deleuze 1990, 97), nämlich „die Ununterscheidbarkeit von Realem und Imaginärem von Gegenwärtigem und Vergangenem, von Aktuellem und Virtuellem" (Deleuze 1990, 97). Was bedeutet dies nun konkret in Bezug auf das imaginierte Widergängertum? Der Umgang mit dem scheinbar unlösbaren Problem der Ununterscheidbarkeit im Rahmen der Dramaturgie produziert ein Gros der humoristischen Effekte.

Komische Komponenten

Mittels einer Sentenz von Billy Wilder soll nun auf die humoristischen Aspekte des imaginären Widergängertums eingegangen werden: „[E]in Mann, der die Straße langläuft, hinfällt und wieder aufsteht ist komisch. Einer der hinfällt und nicht mehr aufsteht, ist nicht mehr komisch. Das ist ein tragischer Fall." (Marschall 1999, 756) Matthias Steinle bezeichnet diese Konzeption in direkter Anlehnung an Petr Kral als „Sahnetortenmoral" (Steinle 2008, 41). Festzuhalten wäre dazu lapidar Folgendes: Dem komödiantischen Prinzip der Burleske folgend, ist allein schon der plötzliche Auftritt einer zuvor verstorbenen Person schlichtweg komisch. Der Aspekt einer – vor allem unmöglichen – Überwindung des Todes scheint hierbei spontan oder zumindest nach einem kurzen Moment der Irritation, ein regelrecht befreiendes Lachen provozieren zu können. Bei *Six Feet Under* sitzt darum Nathaniel Fischer Sr. auch im stilechten Klischee-Outfit eines (stereo)typischen Touristen (Hawaii-Hemd, Shorts, Socken, Sandalen) nebst Hut, Zigarette, sowie Cocktail in der Kokosnuss grotesk bis burlesk fehlplatziert bei seiner eigenen Beerdigung auf dem Dach des Leichenwagens und applaudiert frenetisch beim Amen des Priesters. Erst die Zwischenschnitte auf seine schmunzelnde Tochter Claire (Lauren Ambrose), welche Mühe hat ihre Contenance zu bewahren (schließlich befindet sie sich auf einem Friedhof und wohnt einer Beerdigung bei, wo ein Lächeln eher mit Respektlosigkeit assoziiert werden würde), lassen den Schluss zu, dass dieses Bild lediglich ihrer Imagination entspringt.

Höher zu gewichten ist in Hinblick auf humoristische Komponenten jedoch der ironisch-reflexive Umgang mit dem auferstandenen Gesprächspartner. Denn diffizil gestaltet sich schließlich der Umstand, dass die jeweiligen Kommunikationen oder Interaktionen eben nicht real in der Diegese, sondern lediglich im Kopf der Protagonisten stattfinden – und diese sich eines solchen Umstands währenddessen wohl bewusst sind. André Bazin hätte dies wohl als „bildnerische Missgeburten" (Bazin 2004, 40) bezeichnet, wie weiland angesichts der Arbeiten von Surrealisten mit Foto und Film. Interessant gestaltet sich in diesem Kontext die Erkenntnis, welche Bazin angesichts surrealistischer (Ab)Bild-Experimente formuliert hat: „Die logische Unterscheidung zwischen dem Imaginärem und dem Realen verschwindet mehr und mehr." (Bazin 2004, 40). Beim Aspekt der „irrationale[n] Macht der Photographie" (Bazin 2004, 37) konstatiert er zudem, dass bei der Rezeption von ‚objektiv', also maschinell angefertigten

Reproduktionen aus der Realität quasi automatisch von einer ‚Wirklichkeit' ausgegangen wird – „eine Überzeugungsmacht, die allen anderen Bildwerken fehlt."
(Bazin 2004, 37) Handelt es sich hierbei doch um einen Effekt, welchem Rezipienten scheinbar bereitwillig immer noch allzu gerne aufsitzen. (Nur so lassen
sich die gemeinhin beliebten Täuschungsmanöver in *mindgame movies* sinn-
bringend erklären). Um dieser Art von ‚Wahrnehmung' Tribut zu zollen, erfolgen
nun also reflexive Abhandlungen mit den imaginierten Widergängern über ihre
Existenz und den Sinn ihrer Erscheinung (vgl. Eder 2011, 286). So wundert sich
House M. D. prinzipiell nicht, dass ihm Amber erscheint, sondern nur, dass sie
nicht in einem „french maid's outfit" auftrete, mit „no spanky pants". Deshalb
muss das von ihm bezeichnete „product of my exhausted brain" ihn auch konkret darauf hinweisen, dass es sich bei ‚ihr' um eine „hallucination, not a fantasy" handle – reichlich brüskiert übrigens. Später findet er zeitweilig durchaus
Gefallen daran, einen „all-access pass to my own brain" zu haben, als sich herausstellt, dass Amber ihm den direkten Zugang zu längst verloren geglaubten
Erinnerungen ermöglichen kann. Das Wesen dieser imaginierten Widergänge-
rin ist demzufolge nicht eindeutig geklärt. Mehrere Versuche einer logischen
Erklärung erfolgen bei *House M. D.*, von Schuldgefühlen über „insomnia", welche
Wahnvorstellung, die durch „four nights whitout REM sleep" ausgelöst wurden,
begünstigt, bis letztendlich hin zu Halluzination infolge einer bedenklichen
Abhängigkeit vom Schmerzmittel Vicodin. Dieselben Definitionsprobleme angesichts der Disparitäten, die bei dem Versuch einer solch monströsen Fusion
der Kategorien ‚lebend' und ‚tot' entstehen, hat Dexter: „You're still here", merkt
er im Angesicht seines Bruders pikiert an und erhält prompt ein süffisantes
„Never left" als Replik, was er jedoch so nicht stehen lassen will. „Yeah, you did",
belehrt er seinen Bruder. „I killed you." „No", widerspricht ihm dieser allerdings.
„You just took my life." Die Differenz zwischen ‚töten' und ‚jemandem das Leben
nehmen' lässt sich durch folgenden Erklärungsansatz, welchen Dexter von seinem Ziehvater Harry mit auf den Weg bekommen hat ansatzweise sinnvoll verorten: „When you take a man's life, you're not just killing him. You're snuffing
out all the things that he might become." [S01E03] In diesem Sinne hat Dexter
seinen Bruder ‚nur' dessen aktiver (Handlungs)Möglichkeiten beraubt, ihn also
präventiv von jenen Dingen abgehalten, die er hätte tun oder verbrechen können. Offen bleibt dabei jedoch, was Brian in seiner Erscheinung darstellt. Im
Falle Dexter könnte es sich, neben der Personifizierung einer ‚Backstorywound',
ebenso um eine Manifestation seines sogenannten ‚Dark Passengers' handeln,
doch dies wird nur als freie Assoziation in den (Erzähl)Raum gestellt. Paradox
also, wenn Dexter quasi aus Gründen reiner Vernunft die Auferstehung seines

Bruders zwar nicht akzeptieren kann und will, sich allerdings wider besseren Wissens trotzdem mit ihm, zu allem Überfluss auch noch genau darüber, unterhält. Ein Dialog über die offensichtliche Unmöglichkeit seiner selbst also. Wenn das nicht komisch ist ...

Dasselbe Prinzip findet sich bei *Six Feet Under*, wenn der Vater von Claire wissen will „How's Life?" und diese prompt mit einer Gegenfrage antwortet: „How's Death?" [S03E13] (Genauso schlagfertig reagiert sie zudem auch, wenn in derselben Folge Nathaniel Fisher Sr. sich bei ihr auf dem Friedhof erkundigt „You're looking for me?". Darauf bekommt er von ihr ein „Yeah. Where the fuck is your grave?" zu hören). Diese Auseinandersetzungen, welche unlogisch im kausalen Zusammenhang erscheinen, resultieren somit aus der Tatsache, dass die Bilder in ihrem Wesen als beinahe ununterscheidbar nach Deleuze moduliert worden sind.

Deleuze nennt die zwei Momente der Spaltung aktuell und virtuell, und im Kristallbild, dem grundlegenden Zeitbild im *Zeit-Bild*, wird diese Spaltung und gleichzeitige Zusammengehörigkeit von Aktuellem und Virtuellem sichtbar. Die Erinnerung (im Film: die Erinnerungsbilder) führt uns zu diesem Zusammenhang von Aktuellem und Virtuellem zurück (Fahle 2002, 102).

Ein Umstand, der sodann beständig reflektiert wird, was somit fortwährend humoristische Effekte forciert. Mittels ironischer Herangehensweise wird demzufolge dieses Paradoxon der Logik aufgezeigt und damit suggeriert, dass es in einer subjektivierten Logik möglich sei, oder vielmehr so bestehen könne.

Das Wesen der doppelten Bilder

Offen bleibt letztendlich, um was es sich allgemein beim imaginierten Widergänger nun genau handelt, wie dessen Prinzip analytisch zu erfassen ist. Es kann selbstverständlich pauschal eine postmoderne Raffinesse in Sachen Filmdramaturgie bedeuten – können sie doch ebenso als reine Adaption der literarischen Erzählform des Inneren Monologs angesehen werden. Ein Selbstgespräch wird demzufolge für ein audiovisuelles Medium veranschaulicht dargestellt beziehungsweise versinnbildlicht – mit einem (re)agierenden Gegenüber. Doch was im Film hier an Mehrwert entsteht, ist eine konsequente Fortführung der These von Bazin, die Einbalsamierung des menschlichen Körpers im Abbild betreffend. Salopp formuliert macht die ‚Mumie' mittels Bewegter Bilder mobil: so muss darüber hinaus akzentuiert werden, dass nach Arno Meteling ohnehin „die kinematographische Registrierung des Menschen diesen zunächst in einer Serie von 16 bis 24 Bildzitaten[12] (frames) aus dem Leben stillstellt, ihn also mortifiziert, um ihn_sie dann mit einer schnellen Abfolge von Bildern zu einem Un-Leben wiederzuerwecken" (Meteling 2011, 211). Eine Abhandlung über solche Umstände mag auch auf einer anderen Ebene, jener der Zustände des photo-realistischen Mediums, höchst paradox und durch seine konsequente Verweigerung einer Unterscheidbarkeit komisch wirken. Jede Person ist im Film *de facto* ein Zombie. So liefern die audiovisuellen Medien auch Friedrich A. Kittler zufolge zwangsläufig „immer Gespenstererscheinungen" (Kittler 1986, 22), weswegen imaginäre Widergänger offenbar nur auf diese Weise überzeugend präsentiert werden können: als hochgradig medienreflexive Vexierbilder, die in ihrem Wesen gar nicht ernsthaft erfasst werden können. Es sei denn, ihre Erscheinung wird gemeinhin als reine Fiktion angenommen, dessen Zustands sich alle Beteiligten bewusst sind, was allerdings ebenso einschließt, dass auch die Beteiligten die Erkenntnis erlangt haben, ihrerseits selbst nur reine Fiktion zu sein – oder sich zumindest in einer solchen Situation, im Zwiegespräch mit einem imaginären Widergänger in einer Fiktion zu befinden. Sonst könnten sie auch nicht einen Dialog über dieses spezielle ‚Sein oder Nicht-Sein' führen.

Werden diese Aspekte nun vorrangig mit Begrifflichkeiten wie ‚multipler Genre-Mix' und ‚komplexe Narration' verortet, lassen sich jene Phänomene ohne den geringsten Aufwand als postmodern kategorisieren. Oliver Fahle zufolge ließe sich dies insofern mit „Wiederaufnahme, Zitation und Verfremdung von filmischen Genres, Stilen und Ausdrucksformen", sowie „Wiederaufwertung der Narration" (Fahle 2005, 19) einordnen. Doch im Rahmen einer solchen Verortung treten zwei Problemfelder zutage: zum einen handelt es sich bei der Vokabel ‚Postmoderne' um eine arg überstrapazierte, bisweilen inflationär gebrauchte. So muss konstatiert werden, dass diese in gegenwärtigen Diskursen kaum noch in der Lage ist, als adäquates Mittel für eine trennscharfe Beschreibung herangezogen zu werden. Erhebliche Schwierigkeiten hab es hierzu schon im Jahre 1995 bei John T. Caldwell (vgl. Caldwell 1995, 22ff.). Zum anderen beschränken sich die Auftritte ‚imaginierter Widergänger' nicht lediglich auf diese Attribute. Im Rahmen einer solchen Betrachtung müsste bei Zwiegesprächen von House und Amber, Dexter und Brian, sowie Nathaniel Fischer Sr. und seinen Kindern insistiert werden, dass die Personen, Situationen und Emotionen in keinster Weise mehr (tod)ernst genommen werden. Doch dies wäre hier definitiv nicht

---

12   Oder salopp formuliert 25 wie hier im Bereich des Fernsehens. (Dabei sollte jedoch darauf hingewiesen werden, dass ein TV-Bild seit seiner Anfangszeit nicht mehr in Einzelbildern, sondern in Zeilen verhandelt wird. Überdies muss hier spätestens seit den 1990er Jahren verstärkt mit Begrifflichkeiten digitaler Datensätze gearbeitet werden.)

der Fall. Mitnichten handelt es sich um bloße Klischees, um ästhetizistische Formen, um Stil ohne Substanz. In ihrer Intention weisen sie zuweilen weit darüber hinaus. Silke Martin nimmt hinsichtlich einer Filmtheorie jenseits der Postmoderne auf einen unveröffentlichten Vortrag Oliver Fahles aus dem Jahre 2008 Bezug und spricht sich in dessen Hinsicht für ein Kino der Zweiten Moderne aus (Martin 2010, 28). Dieses lässt sich vornehmlich durch folgende Merkmale konstituieren: komplexe(re) Erzählweisen und überdies ein Zustand, der mit ‚Eintritt der Figur in den Film' tituliert wurde. Die Figur wird „meist nicht metadiegetisch gerechtfertigt" (ebd.). Daraus abgeleitet befinden „sich also Fiktion und Voraussetzung der Fiktion auf einer Ebene" (ebd.). Dies bezeichnet das diffizile Verhältnis zwischen den imaginären Widergängern und ihren ‚Projektionisten' passgenau. Merkmale solcherart stehen somit weniger für audiovisuelle Produkte der Postmoderne, vielmehr für jene der von Oliver Fahle anvisierten Zweiten Moderne. Was somit frei nach Deleuze in der spielerischen Postmoderne erprobt wurde, die kristalline Zusammenführung von Zeit – und Bewegungsbild, findet nun zu einer ‚ernsthafteren' Umsetzung. Die dabei zum Vorschein kommenden paradoxen, weil ‚ununterscheidbaren' Konstruktionen sind es nun, welche evident im imaginären Widergängertum zu finden sind. Und speziell dieses doppelte Wesen der Bilder präsentiert die Möglichkeit, so unterschiedliche Aspekte einer Situation, wie eben die tragischen und komischen Komponenten, überzeugend zu verbinden. Das Prinzip der *Dramedy* konnte nur aus einer diesbezüglichen Grundannahme eines solchen Bild-Status' entstehen.

Fazit & Ausblick

Summa summarum können nun folgende Erkenntnisse aus dem Prinzip des imaginierten Widergängertums im Bereich der zeitgenössischen US-Serie gewonnen werden: der Tod wird ungleich stärker als je zuvor thematisiert – vor allem in Bezug auf das Leben danach, mit Fokus auf den Hinterbliebenen. Komplexe(re) Erzählweisen – gemeinhin als Kennzeichen des *Quality TV* angenommen – wie etwa Achronologie, analeptische Plotverläufe sowie Einflüsse von ‚Magischem Realismus' und ‚unzuverlässiger Narration' schaffen die nachvollziehbaren Grundvoraussetzung für eine Rückkehr der Toten als Imagination. Die Tragik entsteht hier konkret durch Versinnbildlichung des gewalttätig herbeigeführten Todes – damit verbunden treten zuhauf unaufgelöste Konflikte zutage, welche personifiziert, quasi als klaffende *Backstorywound* die betreffende Figur quälen. Jedoch sind die konkreten Situationen so gearteter

Gespräche nicht kausallogisch erklärbar. Diese Konstellation bietet in erster Linie Raum für lakonischen Wortwitz – über das schwierige Verhältnis von Realität zur Irrealität. Die ‚Halluzinierenden' werden jedoch kaum mehr nur ‚von außen' gezeigt, will heißen, als unter Wahnvorstellungen Leidende dargestellt. Stattdessen wird mit der Unmöglichkeit und der daraus resultierenden Unlogik gespielt – die so entstehenden ‚Zweideutigkeiten' sorgen für den Humor. Überdies ist in Hinblick auf eine nach Deleuze so bezeichnete kristalline Form der bewegten Bilder eine kontinuierliche Weiterentwicklung dieser Wahrnehmungsprozesse zu beobachten.

Zunehmend schwinden die Grenzen zwischen Realität und Fiktion in der Diegese. Es bleibt abzuwarten, wann auf bestimmte Markierungen, welche sie voneinander trennen (sollen), vollends verzichtet wird. Im Rahmen aktuellerer Entwicklungen der Fernsehforschung dürfte angesichts dessen erlaubt sein, zu postulieren, dass ‚Televisions Third Golden Age' in Bezug auf die Ästhetik ein hochgradiges *Cinematic TV* werden wird. Insofern handelt es sich auch folgerichtig um ein Fernsehen der Zweiten Moderne des Kinos. Denn sicher kann bei den imaginierten Widergängern mit ihrer kumulativen Häufigkeit von Tragik, Komik und Gewalt nur eines sein: sie kehren wieder. Denn der Tod ist nicht das Ende ...

Literatur

Adelmann, R./Stauff, M. (2006): Ästhetiken der Re-Visualisierung. Zur Selbststilisierung des Fernsehens, in: Fahle, O./Engell, L. (Hg.): Philosophie des Fernsehens, München, S. 55-76.

Barthes, R. (1988): Die helle Kammer: Bemerkungen zur Photographie. Frankfurt am Main.

Bazin, A. (2004): Ontologie des Photographischen Blicks, in: Fischer, R. (Hg.): Was ist Film?, Berlin, S. 33-42.

Bazin, A. (2004): Schneiden verboten!, in: Fischer, R. (Hg.): Was ist Film?, Berlin, S. 75-89.

Bazin, A. (2004): Die Entwicklung der kinematographischen Sprache, in: Fischer, R. (Hg.): Was ist Film?, Berlin, S. 90-109.

Bleicher, J. K. (2010): Medien-Stil = Medienästhetik? Die Bedeutung des Stils für die Medienforschung, in: Bleicher, J. K./Link, B./Tinchev, V. (Hg.): Fernsehstil: Geschichte und Konzepte, Berlin, S. 13-48.

Butler, J. G. (2010): Television Style, New York.

Caldwell, J. T. (1995): Televisuality. Style, Crisis, and Authority in American Television, New Jersey.

Deleuze, G. (1991): Das Zeit-Bild. Kino II., Frankfurt am Main.

Eder, J. (2011): Todesbilder in neueren Fernsehserien: CSI und Six Feet Under, in: Blanchet, R./Köhler, K./Smid, T./Zutavern, J. (Hg.): Serielle Formen – von den früheren Film-Serials zu aktuellen Quality-TV – und Online-Serien, Marburg, S. 277-298.

Elsaesser, T. (2009): Film als Möglichkeitsform: Vom ‚post-mortem'-Kino zu mindgame movies, in: Elsaesser, T. (Hg.): Hollywood heute – Geschichte, Gender und Nation im postklassichen Kino, Berlin, S. 237-263.

Fahle, O. (2002): Zeitspaltungen – Gedächtnis und Erinnerung bei Gilles Deleuze, Montage A/V 11/01, S. 97-112.

Fahle, O. (2006): Das Bild und das Sichtbare – Eine Bildtheorie des Fernsehens, in: Fahle, O./Engell, L. (Hg.): Philosophie des Fernsehens, München, S. 77-92.

Hagen, W. (2011): Dexter on TV: Das Parasoziale und die Archetypen der Serien-Narration, in: Blanchet, R./Köhler, K./Smid, T./Zutavern, J. (Hg.): Serielle Formen – von den früheren Film-Serials zu aktuellen Quality-TV – und Online-Serien, Marburg, S. 251-276.

Kittler, f. (1986): Grammophon – Film – Typewriter, Berlin.

Krützen, M. (2004): Dramaturgie des Films – Wie Hollywood erzählt. Frankfurt am Main.

Lavery, M. (2005): It's not Television, It's Magic Realism: The Mundane, the Grotesque, and the Fantastic in 'Six Feet Under', in: Akass, K./McCabe, J. (Hg.): Reading Sex Feet Under: TV to Die for, London/New York, S. 19-33.

Marschall, S. (1999): Billy Wilder, in: Koebner, T. (Hg.): Filmregisseure, Biographien, Werkbeschreibungen, Filmographien, Stuttgart, S. 752-758.

Martin, Silke (2010): Die Sichtbarkeit des Tons im Film, Marburg.

Meteling, A. (2011): Das Ornament der Masse – Zur Chronotopie und Medialität im Zombiefilm, in: Fürst, M./Krautkrämer, f./Wiemer, S. (Hg.): Untot – Zombie.Film.Theorie, München, S. 211-225.

Rothemund, K. (2012): Serielle Textproduktionen – Zeitgenössische Fernsehserienforschung, MEDIENwissenschaft: Rezensionen – Reviews 01, S. 8-21.

Steinle, M. (2008): 'No one ever dies' – Burleske und Tod, AUGENblick 43, S. 41-51.

Stollfuß, S. (2008): Der Tod als (medien)ästhetisches Fragment, AUGENblick 43, S. 61-72.

Thompson, K. (2003): Storytelling in Film and Television, Cambridge/London.

Thompson, R. J. (1996): Television's Second Golden Age: From Hill Street Blues to ER, New York.

Weber, T. (2007): Codierungen des Todes. Zur filmischen Darstellung von Toten in der amerikanischen Fernsehserie 'Six Feet Under', in: Macho, T./Marek, K. (Hg.): Die neue Sichtbarkeit des Todes, München, S. 541-557.

Dramedy als serielle Deutungsgewalt – Überlegungen zur Hybridität von Autobiografie und Genre in der TV-Serie »Scrubs« (2001-2010)

Alexander Schlicker

Erzählungen, verstanden als Prozess der Konstitution von Welt, von Bedeutung und von Sinnzusammenhängen, unterliegen durch die Auswahl bestimmter Themen und der Präsentation durch den Erzähler einem Akt der Selektion. Eine solche Selektion setzt damit bereits eine (An)Ordnung der erzählten Ereignisse voraus. Im Kontext eines an ein Publikum adressierten Erzählens kann dies als symbolische Gewalt im Sinne einer beanspruchten Deutungshoheit des Erzählers aufgefasst werden.[1] Gewalt ist damit nicht allein als physischer Vollzug intendiert, sondern meint auch die bewusste oder gar neurotisch zwanghafte Um – und Ausdeutung einer Geschichte durch einen Erzähler. Ein per se subjektiver Ich-Erzähler einer fiktiven Autobiografie[2], dessen Anspruch auf objektive

---

1   Zum Verhältnis von Gewalt und Deutung in der Literatur siehe beispielsweise Kleinschmidt (2011).

2   Zur Begrifflichkeit der Autobiografie und den damit verbundenen Problemkomplexen siehe

41

Beurteilung bestimmter Vorgänge hochgradig unzuverlässig ausfallen kann, erscheint dann gerade im Film als eine besonders attraktive Figur für eine entweder durch die audiovisuelle Inszenierung der Erzählung gestützte oder bezüglich seiner Deutung entlarvte Instanz. Im Genre der Dramedy, wie zu zeigen sein wird, können damit verschiedene inszenatorische Kippeffekte generiert werden, die sich wiederum dazu eignen, Aussagen über mögliche Attraktionen der Dramedy speziell im TV-Serienbereich zu treffen. Denn speziell die Form des Serials, das darauf ausgerichtet ist, über mehrere Folgen und Staffeln auf der Basis eines mehr oder minder festen Struktur – und Figurenensembles fortlaufende Handlungsbögen zu erzählen[3], ist das Medienformat par excellence, um verschiedene Brüche und Kippeffekte beobachten zu können. Dramedy wird im Folgenden als ein filmisches Genrehybrid behandelt, in dem sowohl genrespezifische Konventionen aus der Filmkomödie wie der Tragödie als auch mit diesen verbundene Subjektentwürfe in ihrer scheinbaren Konsistenz auf der Ebene der Figuren permanent in Frage gestellt werden.[4] Durch die verschiedenen Inszenierungsebenen zwischen Bild, Tonspur oder Schrift kann die filmische *Dramedy* Differenzen zwischen der Selbst – und Fremdwahrnehmung eines Erzählers einführen, die, beispielsweise durch kontrapunktische oder parallelisierende Montagetechniken, besonders geeignet sind, komische wie explizit tragische Effekte zu generieren. Die aus der Zusammenfügung komischer wie tragischer Elemente provoziert speziell im Zusammenhang mit Gewalt Störungen[5], die sich konstitutiv auf die mediale Performanz sowie die Figuren und deren Gesellschaftsentwürfe projizieren lassen. Kaum eine Serie, die sich als zeitgenössische Dramedy kategorisieren lässt, performiert diese Tendenzen einer dieses Genre konstituierenden Hybridität so konsequent und vielfältig wie die TV-Krankenhaus-Serie *Scrubs*. Obwohl diese Serie aufgrund der romantischen und stark komödiantischen Story bei der Gewaltdarstellung keineswegs so explizit verfährt wie etwa *Breaking Bad* oder *South Park*, kann *Scrubs* in der Diskussion um zeitgenössische TV-Formate historisch zu den ersten Vertretern des Dramedy-Genres gezählt werden. Besonders signifikant lässt sich die Relevanz von *Scrubs* auf der figurativen Ebene begründen: Die Figur des John Dorian, der

....

Holdenried (2000), S. 19-61 oder speziell für den Bereich der filmisch inszenierten Autobiografie, die durch ihre filmische Medialität spezifische Fragen nach der Möglichkeit subjektiven Erzählens im Film aufruft, Dannenberg (2011), S. 33-65.

3   Zu Begrifflichkeit und Formen im Bereich der Serie siehe Schabacher (2010).

4   Zum Begriff und der Theorie des Genres insbesondere in seiner Funktion als Erwartungshorizont für Rezipienten siehe Hickethier (2007).

5   Zu einer Analyse filmischer Störungen eines scheinbar festen Genre-Erwartungsrahmens wie der romantischen Liebeskomödie siehe Engell (2011), S. 117-123.

als aufstrebender junger Arzt innerhalb der Krankenhausgemeinschaft des Sacred Heart bis zur finalen Staffel alle bisher angeführten Merkmale der Dramedy verkörpert, dabei jedoch vor allem als autobiographischer (Rahmen)Erzähler von *Scrubs* fungiert, muss in diesem Kontext in den Blick geraten. Dorian, der bereits in der ersten Folge zu Beginn seiner Ausbildung am Sacred Heart als Tagebuchschreiber eingeführt wird, vereint in sich verschiedene Umschlagpunkte, die auf die Serie wie die Dramedy umgelegt werden können: den medienspezifischen Übergang von der schriftlichen Autobiografie zur seriell-filmischen[6] sowie die latente Überlagerung von komischen und tragischen Effekten, die eine eindeutige Zuschreibung der beiden Kategorien, wie etwa in der Tragikkomödie, problematisch werden lassen.[7] Vor allem letzteres durchzieht die Performanz aller Figuren, die in ihren meist übertriebenen Gesten und Bewegungen auf die Tradition der physisch plakativen Komikperformanz der Stummfilmzeit verweisen und gerade damit auch schicksalhaften Wendungen wie den Tod eines Patienten ihre tragödienhafte Gravität entziehen. Der im Gegensatz zu dieser Form der gestischen Komik ebenfalls mitgeführte Wortwitz in *Scrubs*, der komödienhistorisch mit der Einführung des Tonfilms einsetzt, steht dabei ebenfalls für eine die Serie prägende Vermischung verschiedener Tendenzen, die der Dramedy ihre Kontur als Genrehybrid verleihen.[8] Auf der Grundlage einer solchen Perspektivierung ist *Scrubs* prädestiniert dazu, einerseits Gegensätze zwischen Erzähler und filmischer Inszenierung sowie andererseits die Vermischung verschiedener Genres – verstanden als gewaltsamer Eingriff in eine durch Genretraditionen geordnete Erzählung – im Modus der filmischen Autobiografie als Kernpunkte einer Begriffsbestimmung der Dramedy herauszuarbeiten. Dorian steht für einen für die moderne Dramedy paradigmatischen Figurentypus, in dem das ambivalente Verhältnis einer situativ von Dorians Perspektive entkoppelten Erzählweise einerseits und einer explizit durch diese erfolgende Deutung der sowohl komischen wie tragödienhaften Elementen andererseits zusammenfallen. Diese Kollision einander widersprechender und ihren Konstruktionscharakter offensiv ausstellender Facetten, die *Scrubs* zusätzlich durch zahlreiche Genrereferenzen und einen explizit postmo-

---

6   Als ein weiteres Beispiel dafür kann die ebenfalls in einem Krankenhaussetting angelegte Serie Doktor's Diary (2007-2010) genannt werden, in der die junge Ärztin Gretchen Haase ebenfalls ein Tagebuch führt, die filmische Inszenierung sich allerdings ebenfalls mit einem Voice-Over-Verfahren von der Schriftebene distanziert.

7   Zur Problematik einer genauen Abgrenzung der Genrebegriffe im Bereich der Filmkomödie vgl. Hettich (2008).

8   Zur historischen Ausdifferenzierung und Veränderung der Filmkomödie siehe beispielsweise Horton (1991).

dernen Umgang mit medienhistorischen Anspielungen und filmischen Zitationsverfahren anreichert[9], eröffnet eine in die Serie eingeschriebene Metaperspektive auf die verhandelten Genrestrukturen und ihre Einbettung in einen seriellen Aufbau. Dies wird an den Figuren von *Scrubs* wiederum unter anderem durch deren expressive ausgestelltes Mediengedächtnis offenbar, da nahezu alle Figuren der Serie ihre Erlebnisse im Krankenhausalltag auf verschiedene Weise mit den aus eigener Medienerfahrung geprägten Filmen oder Serien abgleichen oder kontrastieren. Medien bilden insbesondere für Dorian mit ihren schematisierten Verfahrensweisen und Semantiken den Erwartungshorizont aus, der sich – ganz im Sinne der Ambivalenz der Dramedy – gerade in den tragödienhaften Entwicklungen der Serie nicht mit der zuvor von Dorian in seinen zahlreichen Tagträumen auf der Basis seiner medialen Prägung erwünschten Realität in Einklang bringen lässt. Das mediale Archiv formt und füllt die Figur des John Dorian aus. Egal, ob Dorian nun den über die gesamte Serie fortlaufenden Kampf um die Anerkennung seiner Vaterfigur Dr. Cox austrägt oder seine immer wieder gestörte Liebesbeziehung zu seiner nicht minder neurotischen Kollegin Elliot Reid neu entfacht, ohne sich über die Konsequenzen und Paradoxien dieser Beziehung aus der bisherigen Serien-Vergangenheit bewusst zu sein: Er folgt einerseits dem jeweils aktuell durch die Dramedy aufgerufenen Erwartungshorizont eines Genres, andererseits reflektiert Dorian speziell dieses Verhältnis aus vermeintlicher Individualität und medialer Überblendung insbesondere in explizit metareflexiven Episoden wie *My Life in Four Cameras* oder *My Musical*, ohne dass daraus nachhaltige Folgen für die Figur wie für das Gesamtkonzept der Serie entstehen würden. Durch die im Wechsel zwischen (Tag)Traum und seiner nachträglichen Kommentierung permanent konstatierbare Diskrepanz zwischen dem Anspruch eines exemplarischen Lebensentwurfs und der unvermeidbaren Selbststilisierung stellt *Scrubs* Figuren wie Dorian als flüchtige, sich stets ihrer Umwelt entziehende Subjekte in den Vordergrund, die bereits mit ihrer sozial verantwortungsvollen Rolle als Mediziner überfordert sind. Dorian ist dementsprechend trotz seiner vorwiegend durch Voice-Over-Kommentare eingenommenen Rolle als abwechselnd subjektiver und auktorialer Rahmenerzähler kein sich konsequent fortentwickelnder Charakter im Sinne eines Serien-Bildungsromans. Er ist vielmehr ein figuratives Konglomerat medialer Versatzstücke, die, so könnte man als These formulieren, sich nicht in einem konsistenten Subjektentwurf vereinen lassen. So

---

9   Zu diesem speziell für den postmodernen Film paradigmatisch spielerischen Umgang mit Intertextualität als genuiner Bestandteil seiner Identität siehe Jahn-Sudmann (2007), S. 165-174.

different, wie die Zitate und intermedialen Referenzen aus Dorians internem Mediengedächtnis auf der Ebene der Diegesis ausfallen, spiegeln sie gerade in ihren parodistischen Wendungen die Unfähigkeit der Figuren wider, eine einheitliche Erzählung zu generieren, die sie als in sich gefestigtes Individuum ausweisen könnte. Dieses für Dorian und somit für die ganze Serie *Scrubs* unhintergehbare Prinzip ist bereits durch die in jeder Episode erfolgte Wiederkehr ähnlicher Genremuster der Komödie (vor allem zu Beginn einer Episode) und der Tragödie (zumeist gegen Ende der Episode) geradezu dramaturgisch fest verankert und wird über die neun Staffeln der Serie auch nicht in ihrer strukturellen Dimension signifikant aufgeweicht. Auf jede grundsätzliche Erkenntnis, wie sie etwa am Ende der Episoden von Dorian als interpretativer Leitsatz im Umgang mit Leben oder Tod preisgegeben werden, folgt mit Beginn der nächsten Folge eine Art parodistische Aufhebung. Das zuvor scheinbar Erlernte wird durch die serielle Wiederaufnahme komödiantischer Elemente – oder besser: durch eine Form der Gegenerzählung der Komödie gegenüber der Tragödie – negiert. Die serielle Struktur von *Scrubs* als erzählerischer und damit interpretatorischer Akt durch den Protagonisten präsentiert sich als gerade durch die Unabschließbarkeit des in *Scrubs* präsentierten seriellen Erzählens zwischen Folgenkontinuität und dem permanenten Zwang zur Innovation als ein zum Scheitern verurteilter Versuch eines Entwicklungsprozesses. Den Endpunkt dieses Prozesses markiert – auch hier entsprechend Dorians medialer Prägung und einer Idealisierung – eine Existenz als Arzt, Familienvater und als ein in seinen privaten wie beruflichen Kontakten gefestigtes Individuum. Der in jeder Folge ausgestellte Erzählgestus Dorians, sein eigenes Handeln und das der anderen Figuren der Serie in Form einer Autobiografie zu kommentieren und damit vor dem Hintergrund der eigenen Erfahrungen und Schlussfolgerungen zu ordnen, kann im Kontext des in der nächsten Folge weiterlaufenden (Serien)Erzählens nicht zu einem finalen Selbstentwurf abgeschlossen werden. Bezeichnenderweise erreicht Dorian den von ihm angestrebten Status in Gänze erst in der letzten Staffel, wenn er als Ehemann, Vater, Arzt und Medizindozent das nun völlig neu aufgebaute und auch auf der Figurenebene durch eine neue Anfängergeneration modernisierte Sacred Heart endgültig verlässt und aus der Serie ausscheidet. Deshalb wird Dorian im Verlauf der letzten Staffel zunehmend in seiner Funktion als vermittelnder Erzähler durch die neu in den Serienkosmos eingeführte Medizinstudentin Lucy Bennett abgelöst, die Dorians Kreislauf sich immer wieder ähnlich vollziehender Probleme als Nachfolgerin ebenso austragen muss wie ihr Vorgänger. Die in den ersten Folgen der finalen Staffel herausgestellte symbolische Vaterschaftsbeziehung des nun etablierten

Arztes Dorian mit seiner Studentin Lucy legt eine solche genealogische Spur vor allem über die Negation des exemplarischen Lehrcharakters der nun abgeschlossenen Autobiografie Dorians nahe. Lucy muss trotz aller Starthilfe durch ihren Lehrmeister ihre eigene Autobiografie als neu integrierte Erzählerin starten und unterliegt im Konflikt mit ihren Kommilitonen und Dozenten den gleichen Inszenierungsstrategien und episodisch nur kurzfristig lösbaren Konflikten wie die Figurengeneration zuvor. Damit artikuliert *Scrubs* als serielle Dramedy ein für zeitgenössisches Erzählen paradigmatisches Phänomen, das eine kulturhistorische Dimension eröffnet: In sich abgeschlossene Identitätsentwürfe, wie sie der klassische Gesellschaftsroman zumindest perspektivisch von seinem Anspruch her als Bedingung und Legitimation eines Gesellschaftsmodells artikulierte, sind unter den modernen Voraussetzungen einer medienpluralistischen Identifikationspalette ohne Verbindlichkeit nicht mehr möglich. Jede Erkenntnisfähigkeit der Figuren trägt die eigene Instabilität durch die in *Scrubs* exerzierte Flüchtigkeit und Unverbindlichkeit der kulturhistorischen Zitate bereits in sich, die sich aus allen Bereichen der Popkultur speisen und damit den spielerisch subversiven Umgang mit jeder Form der (Genre)Identität untermauern. Eine kontemporäre Dramedy wie *Scrubs* figuriert und bezieht folglich aus dem genrekonstitutiv brüchigen und dennoch im Medium der Serie konstanten Zusammenspiel der bis dato benannten Faktoren ihre Spezifik in Abgrenzung zu anderen Formaten. Bezogen auf die symbolische Deutungsgewalt ließe sich folgern, dass die serielle Kollision der sich widerstrebenden Genretendenzen und der daran unmittelbar gekoppelte Deutungszwang Dorians sich jeweils einander bedingen und nicht separiert voneinander betrachtet werden können. Abstrakt betrachtet bedeutet dieser Befund für den Begriff der Dramedy, das eine ihr inhärente Brüchigkeit, die zwischen ihren Extrempolen innerhalb einer Serie auf verschiedenen Inszenierungsebenen ausagiert werden muss, gar nicht zu einer finalen Harmonisierung geführt kann, da sonst die Bedingungen ihrer eigenen Performanz zum Erliegen kommen würden. So wie in *Scrubs* das Konzept einer den Lebenslauf harmonisierenden und als exemplarischen Leitfaden ausgebenden Autobiografie verabschiedet wird[10], negiert die Dramedy die speziell für das klassische Hollywoodkino geltende Konstanz in der Erwartungshaltung an die Handlungsverläufe bestehender Genrestrukturen. Auch deshalb endet *Scrubs*, man möchte fast sagen konsequenterweise, nach neun Staffeln nicht mit einem die Geschichte abrundenden Ende, sondern mit der „gewaltsamen", weil narrativ unabge-

---

10   Zu dieser Tendenz und weiteren Formen autobiographischen Erzählens wie der fiktionalen Metabiografie siehe Holdenried (2009) und Nünning (2009).

schlossenen Einstellung der Serie. Die bisher propagierte Ambivalenz in der Genrestruktur von *Scrubs* kann anhand eines knapp skizzierten Beispiels aus der Serie unterfüttert werden. Die bereits angeführten Folge *My Life in Four Cameras* (4. Staffel, Episode 17) eignet sich zu diesem Zweck speziell aufgrund des in ihr performativ selbstreflexiv ausgestellten Konstruktionscharakters als eine durch Dorian imaginierte Sitcom im Stile der siebziger Jahre. Schließt der gewohnt komödienhafte Beginn der Episode nahtlos an die durch die bisherige Serie etablierte Erzählweise von *Scrubs* an, schlägt sie nach der ersten Hälfte ebenso gewohnt durch ein dramatisches Ereignis angefacht in die Tragödie um. Die Diagnose des unausweichlichen Todes eines Patienten, der ausgerechnet der Autor der von Dorian so geschätzten Sitcom *Cheers* ist, veranlasst Dorian dazu, in gewohnter Weise mit einem Tagtraum dieses schicksalhafte Ereignis zu verdrängen. Über einen Ebenenwechsel, der sich metafilmisch durch das Anzeigen einer Filmstudioumgebung inklusive filmender Kameras zu erkennen gibt, wird die Todesdiagnose in ihrer Tragik nun von den Figuren parodistisch thematisiert.[11] Effekte wie die übersteigerte Farbgebung der Bildsequenzen oder die Implementierung einer für Sitcoms üblichen Live-Publikum-Kulisse unterstützen diese Form der fernsehhistorischen Selbstreflexivität, die durch die Übersteigerung der Inszenierung die für *Scrubs* ohnehin sehr präsenten Sitcom-Bezugnahmen nochmals offensichtlich vor Augen führt. Doch am Ende der Folge schlägt dieser artifizielle Erzählgestus wieder in die eigentliche Realität der Serienwelt um. Der Patient ist tot und eine Sitcom, wie Dorian am Ende resümiert, letztlich nur eine angenehme Art der Ablenkung von den Schicksalsschlägen des Alltags. Die metareflexiv vergleichbare Folge *My Musical* (6. Staffel, Episode 6), die dramaturgisch gerade nicht in eine vorwiegend komödiantische und tragödienhafte Segmentierung separiert ist, bildet zur Sitcom-Episode eine genrespezifische Kontrastfolie. In dieser Episode wird in einer ähnlich dramatischen Situation noch alles zum Guten gewendet und dies ausdrücklich in einer selbstreflexiven Kommentierung der Figuren dem Genregesetz des Musicals zugeschrieben, das einen tragischen Ausgang gar nicht zulassen würde. Doch dieses singuläre Zugeständnis bleibt für die serielle Struktur der Serie folgenlos. Eine Dramedy wie *Scrubs* lebt schließlich vom permanenten Widerstreit ihrer nicht final harmonisierbaren Genregegensätze.

---

11 Zu weiteren Formen metareflexiver Inszenierungen speziell im Bereich der Filmkomik vgl. Siebert (2005), S. 9-20.

Quellen

Film

Scrubs (Scrubs – Die Anfänger), C: Bill Lawrence, NBC, USA 2001-2010.

Literatur

Dannenberg, P. A. (2011): Das Ich des Autors. Autobiografisches in den Filmen der Nouvelle Vague, Marburg.

Engell, L. (2011): Leoparden küsst man nicht. Zur Kinematographie des Störfalls, in: Koch, L./Petersen, C. u.a. (Hg.): Störfälle. Zeitschrift für Kulturwissenschaften, Bielefeld, S. 113-124.

Hettich, K. (2008): Die Melancholische Komödie. Hollywood außerhalb des Mainstreams, Marburg.

Hickethier, K. (2007): Genretheorie und Genreanalyse, in: Felix, J. (Hg.): Moderne Film Theorie, Mainz.

Holdenried, M. (2000): Autobiografie, Stuttgart.

Holdenried, M. (2009): Biografie vs. Autobiografie, in: Klein, C. (Hg.): Handbuch Biografie. Methoden, Traditionen, Theorien, Stuttgart, S. 37-43.

Horton, A. S. (1991): Comedy/Cinema/Theory, Berkeley/Los Angeles.

Jahn-Sudmann, A. (2007): Spiel-Filme und das postklassische/postmoderne (Hollywood-) Kino: Zwei Paradigmen, in: Leschke, R./Venus, J. (Hg.): Spielformen im Spielfilm. Zur Medienmorphologie des Kinos nach der Postmoderne, Bielefeld, S. 155-178.

Kleinschmidt, C. (2011): Deutungsgewalt. Normen des Erzählens und Interpretierens in Goethes „Unterhaltungen deutscher Ausgewanderten", in: Baßler, M./Giacobazzi, C. u.a. (Hg.): (Be-)Richten und Erzählen. Literatur als gewaltfreier Diskurs?, München, S. 97-107.

Nünning, A. (2009): Fiktionale Metabiografien, in: Klein, C. (Hg.): Handbuch Biografie. Methoden, Traditionen, Theorien, Stuttgart, S. 132-136.

Schabacher, G. (2010): Serienzeit. Zu Ökonomie und Ästhetik der Zeitlichkeit neuerer US-amerikanischer TV-Serien, in: Meteling, A./Otto, I. u.a. (Hg.): »Previously on...« Zur Ästhetik der Zeitlichkeit neuerer TV-Serien, München, S. 19-39.

Siebert, J. (2005): Flexible Figuren. Medienreflexive Komik im Zeichentrickfilm, Bielefeld.

»Tell the Drama Club Their Tears Will Be Real Today«

Zur narrativen Funktion intradiegetischer Fiktionen in NBCs »Community«

Adrian Bruhns

Mit Hilfe von Genrebezeichnungen lassen sich aus der Menge aller Texte Untergruppen bilden, die eine Anzahl von Charakteristika gemeinsam haben. Dabei stehen viele Arten von Charakteristika zur Auswahl: inhaltlich-thematische (Romanze/Krimi), produktionsbedingte (Single-Camera/Multi-Camera), juristische (PG 13/Adult), programmplanerische (Late-Night/Daytime) etc.

Jason Mittell stellt heraus, dass wenngleich Genres über solche Texteigenschaften definiert sein mögen, Kategorien keine natürlichen Entitäten sind. Vielmehr bedarf es einer Praxis, um Kategorien zu etablieren und aufrecht zu erhalten. „While the members constituting a category might all possess some inherent trait binding them into the category (perhaps all horror texts do have monsters), there is nothing intrinsic about the category itself" (Mittell 2004, 7).

Als Beispiel führt er das nichtexistente Fernsehgenre der Boston-Serie an. Anders als beispielsweise bei Krankenhausserien handelt es sich dabei nicht um ein Genre, da es keine entsprechend verbreitete Definitionspraxis gibt, obwohl das eine wie das andere sich über den Ort, an dem der Text spielt, kategorisieren lässt. Er schließt: „Genres are not intrinsic to texts – they are constituted by the processes that some scholars have labeled ‚external' elements, such as industrial and audience practices" (ibid. 9 f.). Für die Existenz eines Genres muss also zweierlei erfüllt sein: Erstens bedarf es einer Menge von Texten, die eine oder mehrere Eigenschaften teilen, anhand derer sie zu einer Gruppe zusammengefasst werden können, und zweitens bedarf es einer Kategorisierung anhand dieser Eigenschaften durch eine hinreichend große Öffentlichkeit, die sich dementsprechend zumindest eingeschränkt dieser Praxis bewusst sein muss. Da Genres also nicht allein durch Merkmalsähnlichkeiten von Texten konstituiert sind, sondern „also, and equally, of specific systems of expectation and hypothesis which spectators bring with them" (Neale 1990, 46), müssen diese Erwartungshaltungen gezielt bedient werden, soll ein bestimmtes Genre angestrebt werden.

Dramedies zeichnen sich dabei durch die gleichzeitige Erfüllung der Konventionen zweier Genres, der Komödie und des Dramas, aus. Am Beispiel einer Episode Dan Harmons NBC Sitcom *Community* soll folgend ein narratives Verfahren zur Verbindung dieser Konventionen untersucht werden.

Community ist unzweifelhaft in das Genre Sitcom einzuordnen. Diese Klassifikation ist durch zahlreiche Texteigenschaften gerechtfertigt: das Single-Camera Format und die 20-minütigkeit als Produktionseigenschaft, die Verwendung sitcomtypischer Musik für den Vorspann, aber auch der Ausstrahlungskontext als Teil des NBC Comedy-Lineups am Donnerstagabend. Vermutlich würde die Kombination dieser drei Elemente schon ausreichen, um eine Einstufung der Serie als Sitcom zu rechtfertigen, selbst wenn sie nicht witzig wäre (schließlich ist dies ein Vorwurf, der vielen Sitcoms regelmäßig gemacht wird). *Community* erfüllt jedoch auch diesen Genre-Indikator. Setting und Personal der Serie sind das fiktive Community-College „Greendale", eine siebenköpfige Lerngruppe und ihre Kommilitonen und Lehrer. Mit diesem genretypischen Setting und den zuvor erwähnten Merkmalen ist die Einstufung des Textes als Komödie kaum diskutabel. Unter dieser Beschreibung ist es jedoch überraschend, dass eine Episode dieser Serie für den 2012 Hugo-Award „for excellence in the field of science fiction and fantasy" (WSFS 2012) in der Kategorie „Best Dramatic Presentation" nominiert ist. Doch eine große Anzahl von *Community*-Episoden zeichnet sich durch die Verarbeitung stark konventionalisierter Film- und Fernsehgenres aus, die nicht dem Sitcomgenre entstammen. Weltraumabenteuer, Zombieangriff,

Kostümdrama, Dokumentation, Western, Kriegsfilm, all diese und wesentlich mehr Genres greifen einzelne Episoden von *Community* auf. Wie erfolgreich diese Strategie der Genreadaptionen funktioniert, zeigt sich an der erwähnten Award-Nominierung. Und trotzdem wird das alle Episoden umspannende Genre der gesamten Serie dabei nie aufgegeben. Die jeweiligen Episoden sind zugleich sowohl Sitcom als auch beispielsweise Kriegsdrama.

Unter den Episoden der bisherigen drei Staffeln finden sich mindestens vier, die thematisch an Kriegs- und Actionfilme angelehnt sind. Die Actionfilm-Episode „Modern Warfare" (S01E23), die vom Serienschöpfer Dan Harmon als „Sergio Leone Western" (Snierson, 2011) beschriebene Episode „A Fistful of Paintballs" (S02E23), die „epic, wartime, band-of-rebels-against-a-larger-force *Star Wars*" (ibid.) Episode „For a Few Paintballs More" (S02E24), sowie die Kriegsdokumentations-Episode „Pillows and Blankets" (S03E14). Diesen Folgen ist neben ihrer Stellung als Kritikerlieblinge gemeinsam, dass es ihnen gelingt, einen spannungs- und gewaltgeladenen Plot zu bieten, ohne die Witzigkeit und Leichtigkeit einer Sitcom zu verlieren.

Diese Überblendung von sich scheinbar ausschließenden Genres soll im Folgenden anhand der ersten Szenen der Episode „Modern Warfare" exemplifiziert werden, bevor anschließend versucht wird, das zugrunde liegende Erzählverfahren theoretisch zu analysieren.

„Modern Warfare" spielt kurz vor Beginn der Sommersemesterferien. Der Dean des Colleges veranstaltet ein campusweites Paintballmatch, bei dem ausscheidet, wer getroffen wird, und gewinnt, wer als letzter übrigbleibt: ein *Battle Royale*. Dem Gewinner steht „priority registration" in Aussicht, das Recht im folgenden Semester in jedem gewünschten Kurs einen Platz zu erhalten.

Die Episode lässt sich in drei Segmente teilen. Zunächst wird in einer zweieinhalbminütigen Exposition die Prämisse für die Episode eingeführt, und der Serienvorspann angeschlossen. Dann folgt in einem 16minütigen Hauptteil das Paintballmatch. Schließlich wird in abermals zweieinhalb Minuten das Geschehene rekapituliert. Der erste und dritte Teil ist dabei im Genre-Default der Serie gehalten. Nur der mittlere Hauptteil ist an das Actionfilmgenre angelehnt, so dass zwischen Einleitung und Mittelteil, sowie zwischen Mittelteil und Schluss jeweils starke Genrebrüche liegen.

Für die vorliegende Untersuchung ist damit insbesondere der Mittelteil von Interesse, in dem die Genres überblendet werden. Dieser beginnt mit einem Topos aus Zombie- und Apokalypsenfilmen: Hauptfigur Jeff wacht im Auto vor dem College auf, um festzustellen, dass der Ort scheinbar von allen Menschen verlassen wurde und er allein zurückgeblieben ist. Die Szene ist nicht nur inhaltlich sondern auch gestalterisch an das entsprechende Topos angelehnt. Sie wird akustisch untermalt von Krähenrufen, der Campus ist vermüllt und teilweise zerstört und die Szene ist mit einem leichten Sepia-Filter in braun-rötliches Licht getaucht. Jeff trifft in einem der Collegegebäude auf einen scheinbar verwundet am Boden liegenden Studenten, der ihm die Situation erläutert. An dieser Stelle endet der Zombiefilm-Topos. Es folgt eine Verbindung von Szenen aus *Matrix* und *Riddick*, deutlich markiert durch die filmmusikalische Unterlegung, die an den *Matrix*-Score angelehnt ist, sowie das charakteristische ander-Wand-Laufen Trinitys durch die *Community*-Figur Abed, die dabei Riddicks Brille trägt, und einen plötzlich auftauchenden Angreifer ausschaltet. Die Szene ist exemplarisch für die Vielzahl von Referenzen zu Filmen aus der ganzen Bandbreite des Actiongenres mit Hilfe diverser filmischer Mittel, von Kameraführung über Requisite und Choreographie bis zur Musik. Auch zeigen sich hier die zwei grundlegend unterschiedlichen Arten, auf die in „Modern Warfare" das Actionfilmgenre evoziert wird. Erstens durch die Erfüllung von Genrekonventionen durch das Aufgreifen von Topoi und zweitens durch intertextuelle Referenzen auf und Zitate von Actionfilmklassikern. Während es sich bei dem von allen Menschen verlassenen Aufwachen in einer zerstörten Umgebung um ein Filmtopos handelt, sind die angeschlossenen Referenzen auf *Matrix* und *Riddick* keine solchen Topoi, sondern intertextuelle Referenzen durch Zitat. Der Mittelteil der Episode setzt diesen ständigen Wechsel zwischen Filmzitat und Genretopos fort, und produziert damit eine Sequenz von generischen Handlungselementen mit unzählbaren Anspielungen und Referenzen, wodurch die Konventionen des Actionfilmgenres zugleich erfüllt und thematisiert werden. Diese Anspielungen sind nicht nur inhaltlich-thematisch auszumachen. Auch Produktionstechnisch bedient sich die Episode aus der Trickkiste dutzender anderer Texte des Zielgenres, von der Bullet Time Kamera der *Matrix*-Trilogie bis zu dem distinkten Soundeffekt, der in *Lost*-Episoden die Werbeblöcke einleitet. Es lässt sich festhalten, dass der Mittelteil der Episode durch Erfüllung der entsprechenden Genrekonventionen präsentiert wird wie ein Actionfilm. „Like most action movies, there isn't a whole lot more to say about the plot. But, like action movies, it was a hell of a lot of fun to watch it all go down" (Hughes 2010), beschreibt ein Kritiker die Episode, und drückt damit gleichermaßen aus, dass erfolgreich der Vergleich mit Actionfilmen provoziert wird, und dass dies über die generische Aneinanderreihung konventionalisierter Elemente erfolgt. Und doch bleibt die Episode zu jedem Zeitpunkt auch eine Sitcom, bleibt das vermeintliche Schlachtfeld ein College, und bleiben die Kugeln Farbkugeln. Die Figuren lassen sich auf eine Fiktion ein, in der das Spiel als tödlicher Ernst imaginiert wird, und die Darstellung der Geschehnisse für die Zuschauenden provoziert diese dazu, sich auf die gleiche Fiktion einzulassen.

Kendall Walton vertritt die Annahme, dass Fiktionen „games of make-believe" sind (Walton 1990, 35). Wie in jedem Spiel gibt es dabei Regeln. Diese geben an, was in der jeweiligen imaginierten fiktionalen Welt der Fall ist. Dies geschieht durch Gegenstände, die Walton „Props" nennt. „Props are generators of fictional truths, things which, by virtue of their nature or existence, make propositions fictional" (37). Ein solches Prop kann beispielsweise eine Papierkrone sein. In einem Kinderspiel dient diese zur Auszeichnung des Königs. Das Tragen dieses Props macht es fiktional der Fall, dass der Träger der König ist, da dies eine Regel ist, nach der das *game of make-believe* funktioniert. Das gleiche ist beim Lesen oder Sehen eines fiktionalen Textes der Fall. Der Text selbst dient hier als Prop. Sein Inhalt leitet und autorisiert eine bestimmte Imagination, einen bestimmten Inhalt in dem *game of make-believe*. Die Inhalte derjenigen Imaginationen, die durch den Text autorisiert werden, sind fiktional der Fall. Welche Imaginationsinhalte genau durch Props autorisiert werden, bestimmen nach Waltons Theorie „principles of generation" (vgl. 38). Im Falle obigen Kronenbeispiels ist dieses Prinzip die von den spielenden Kindern explizit formulierte oder implizit angenommene Regel, dass König ist, wer die Papierkrone trägt. Im Falle von Texten gestaltet sich die Situation schwieriger. Die *principles of generation*, die hier im Werk sind, „are never explicitly agreed on or even formulated" (38). Es lassen sich deshalb zwei unterschiedliche Arten der Fiktionserzeugung feststellen: einerseits solche, denen als Prop ein Text dient, und andererseits solche, die auf Requisiten als Prop basieren. Dabei sind für erstere die *principles of generation* unbestimmter als für letztere. Beide Prinzipien der Fiktionserzeugung, textbasierte und requisitenbasierte, lassen sich an der Episode „Modern Warfare" beobachten. Erstere an den Zuschauenden, die auf Basis des filmischen Textes an dem *game of make-believe* des Community-Universums teilnehmen, letztere an den fiktiven Charakteren, die ihr College als riesige Requisite für die Fiktion eines Kriegsschauplatzes gebrauchen.

Unter die *principles of generation* fällt sicherlich auch das Genre eines Textes. Trifft beispielsweise in einem Kriegsdrama ein Soldat des Nachts auf einen verstorbenen Kameraden, so verhindert die Genrezugehörigkeit die Annahme, er sei hier einem Geist oder Zombie begegnet. Dieser Inhalt wäre als Teil des *games of make-believe* nicht autorisiert, anders als die Annahmen, er habe sich über den Tod des Kameraden getäuscht oder er halluziniere. Die gleiche Situation in einem Mysterythriller hingegen würde eine Zombieinterpretation der Szene womöglich sogar nahelegen. So bestimmen die Konventionen des Genres zumindest anteilig, was in einem Text fiktional der Fall ist. „Modern Warfare" macht sich dieses Prinzip zu nutze. Die durch die oben beschriebenen Mittel etablierte Zugehörigkeit zum Actiongenre provoziert in dem *game of make-believe* der Zuschauenden, die Gewaltelemente der Episode ernst zu nehmen, die Paintballwaffen als tödlich und das Spiel als gefährlich anzusehen. Die Genrekonventionen legen nahe, die Gewalt ernst zu nehmen, da es nicht zur Genrepraxis von Actionfilmen gehört, das Dargestellte als bloßes Spiel zu verstehen. Dieser Effekt wird verstärkt durch das Verhalten der fiktiven Charaktere. Diese scheinen den Paintballkrieg ebenfalls für ernst zu halten. Sie partizipieren selbst in einem *game of make-believe*, in dem ihre Paintballwaffen als Requisitenprops dienen. So wird in der erzählten fiktiven Welt eine niedrigstufigere, um mit Genette zu sprechen, intradiegetische, zweite Fiktion etabliert.

Die Annahme liegt nahe, dass das Einfühlen in die emotionalen Zustände fiktiver Charaktere nach kognitiv ähnlichen oder identischen Prozessen verläuft, wie die Einfühlung in tatsächliche Personen. Alvin Goldmann geht als Vertreter einer Simulationstheorie der Fremdzuschreibung davon aus, dass Zuschauer auf Basis des Verhaltens fiktiver Charaktere imaginieren, wie sie selbst die entsprechende Situation erleben würden, um die resultierenden Emotionen den Figuren zuzuschreiben (vgl. Walton 2006, 284 ff). Im Falle eines Schauspielers schreiben wir dem Charakter, den dieser Schauspieler spielt, auf Basis dessen Verhalten verschiedene mentale Zustände zu. So imaginieren wir Hamlets Ausnahmezustände auf Grundlage des Verhaltens eines Schauspielers, der selbst den entsprechenden Zustand womöglich nicht erfährt. Gleiches geschieht hier in der Intradiegese. Angestachelt durch den Wert des zu gewinnenden Preises verhalten die Charaktere sich, als würden sie die Situation als ernsthafte Kriegs- und Gefahrenlage erfahren. Auf Basis dieses Verhaltens begibt sich die Zuschauerin in ein *game of make-believe*, dessen Inhalt eben diese tatsächliche Gefahrensituation ist, unabhängig davon, ob die fiktiven Charaktere diese ebenso empfinden. Sollte Goldmann in seiner Annahme dieses Prozesses recht haben, werden die Zuschauenden hier also auf basaler kognitiver Ebene dazu veranlasst, die intradiegetische Fiktion ernst zu nehmen, tatsächlich sogar ernser als die Figuren selbst. Verstärkt wird dies noch durch die unterschiedlichen Arten der Fiktionserzeugung, die hier am Werk sind. Die fiktiven Charaktere befinden sich in einem requisitenbasierten *game of make-believe*. Sie werden durch die ständige Präsenz der eigentlichen Beschaffenheit der Umgebung an die Fiktionalität der Situation erinnert. Nicht so die Zuschauenden. Ihr *game of make-believe* ist rein textbasiert und die tatsächliche Beschaffenheit der Gegenstände tritt hinter das Medium zurück. Was die Charaktere selbst als fiktionales Spiel wahrnehmen, wird so durch die Präsentation unter Einhaltung von Actiongenrekonventionen, das Verhalten der Figuren, und die textbasierte Fiktionserzeugung vom Zuschauer als ernster Teil des *Community*-Universums verstanden. Damit werden die Inhalte der intradiegetischen Fiktion auf die Ebene der extradiegetischen gehoben. Es lassen sich hier also zwei Methoden feststellen, mittels derer die Zuschauenden veranlasst werden, etwas für fiktional den Fall zu halten, obwohl es nur fiktional-fiktional der Fall ist. Erstens durch das Appellieren an die Genrekonventionen als Teil der *principles of generation* und zweitens durch Instrumentalisierung der basalen kognitiven Vorgänge der Fremdzuschreibung mentaler Zustände. Der Leser wird so dazu angehalten, ernst zu nehmen, was nicht ernst ist. Auf diesen Umstand wird jedoch ständig hingewiesen: Regelmäßig werden die Genrekonventionen ironisch gebrochen und die Zuschauenden so auf die eigentliche extradiegetische Ebene zurückgeholt. So beispielsweise, wenn die Figur Shirley im Gefecht getroffen auf den Boden sinkt und wispert „I'm going home [...] No seriously, I'm going home!" Die eben noch versunken in die Intradiegese ernstgenommene Gewalt wird durch den Konventionsbruch im Sinne der Extradiegese reperspektiviert, und damit ein komischer Effekt erzielt.

Dieser Spezialfall der Dramedy verbindet damit nicht einfach komische und dramatische Elemente. Er ermöglicht vielmehr durch die Überblendung zweier fiktionaler Ebenen, die gleichen Elemente zugleich auf verschiedene Arten zu lesen: Sie sind sowohl komisch als auch dramatisch, sowohl harmlos als auch gewalttätig.

Literatur

Walton, K. (1990): Mimesis as Make-Believe. On the Foundations of the Representational Arts, Cambridge.

Mittell, J. (2004): Genre and Television. From Cop Shows to Cartoons in American Culture, New York.

Neale, S. (1990): Questions of Genre, Screen 31/1, 45-66.

Goldman, A. (2006): Simulating Minds, Oxford.

Snierson, D. (2011): 'Community': Guest Star Josh Holloway and Creator Dan Harmon on the Paintball Season Finale, in: Inside TV (**http://insidetv.ew.com/2011/04/29/community-josh-holloway-dan-harmon-paintball/**) (Stand: 14.04.2012).

WSFS, (2012): Hugo Award FAQ, World Science Fiction Society (http://www.thehugoawards.org/hugo-faq/) (Stand 14.04.2012).

Hughes, J. (2010): 'Community' - 'Modern Warfare' Recap, in: AOL TV (**http://www.aoltv.com/2010/05/06/community-modern-warfare-recap/**) (Stand 14.04.2012).

"Modern Warfare" (2010): von Cutler, E., (S01E23) in: Harmon, D.: *Community*, National Broadcast Company.

Eine Frage des Formats: Die New Kids in Film und Fernsehen

Rasmus Greiner

Ausgangspunkt meiner Überlegungen ist eine Folge der niederländischen TV-Serie *New Kids*, ein Format, das zunächst das Internet eroberte, seit 2009 auf dem Spartenkanal *Comedy Central* ausgestrahlt wird und bisher zwei Kinofilme hervorgebracht hat. Schon der Titel, eine unverhohlene Anspielung auf die *New Kids on the Block*, den Prototyp aller Boygroups, verrät die ironische Anlehnung an die Ikonen der späten achtziger und frühen neunziger Jahre. Mit ihren Schnauzbärten, Vokuhila-Frisuren und Jogginganzügen wirken Barrie, Gerrie, Richard, Rikkert und Robbie wie Relikte des Bad-Tastes, die sich ihre Zeit in dem beschaulichen Ort Maaskantje mit Biertrinken und Pöbeleien vertreiben. Auch die Folge ‹Fak Tag› goutiert zunächst diesen verrohten Lebensstil. Ein radikaler Bruch in der ästhetischen Gestaltung deutet jedoch auf eine einschneidende Veränderung hin: Angekündigt durch einen eigenartigen Hall beim Sprechen, greift die fokalisierte Darstellung von Rikkerts Wahrnehmung die Bildkonventionen billiger B-Movies auf. Ein bräunlicher Farbfilter, das grobkörnige Bild, Laufstreifen und die dissonante Musik nehmen vorweg, was kurz darauf tatsächlich passiert: Rikkerts Freunde verwandeln sich in blutrünstige Zombies (siehe Abb. 1). Panisch flüchtet sich der Gejagte in das Auto eines Passanten. Während sich die Handlung in den anderen Episoden der Serie an die pseudo-authentischen Plots aus Reality-TV-Formaten anlehnen, bedient sich ‹Fak Tag› ganz explizit filmischer Gestaltungsmittel und reflektiert hierdurch die Opposition von Serienrealismus und filmischer Narration. Erst die letzte Sequenz kehrt wieder zur konventionellen Ästhetik des Fernsehens zurück und entlarvt die vorangegangenen Ereignisse als Albtraum: Rikkert liegt beinahe bewusstlos und mit eingenässter Hose auf dem Boden während sich seine Freunde darüber amüsieren, dass er tatsächlich „die vergammelte Frikadelle" gegessen habe (siehe Abb.2).

Schlagartig wird die immersive Macht der filmischen Gestaltungsmittel wieder durch den distanzierten Modus des Überwachens (Cavell 2002, 144) abgelöst und verändert hierdurch auch die Funktionsmechanismen der Komik. Ist der *Sick Humor* also auch eine Frage des Medienformats? Funktioniert er in Serien

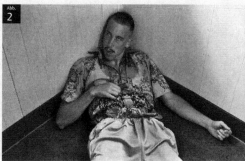

Bildkonventionen des B-Movies und Rückkehr in den Modus der Fernsehästhetik (Screenshots aus New Kids, Folge ‹Fak Tag›)

anders als in Filmen? – Das sind die zentralen Fragen, denen anhand der neunzehn auf *Comedy Central* ausgestrahlten Folgen der Serie und des erfolgreichen Spielfilms *New Kids Turbo* (2010) nachgegangen werden soll.

Die Komik der *New Kids*

Das von den *New Kids* verwendete Prinzip des *Sick Humor* basiert zunächst einmal, ganz wie die erfolgreiche Familienserie *Flodder* (1993-1998), auf der Darstellung unangemessenen Verhaltens in gesellschaftlich normierten Situationen. Wenn Gerrie und Rikkert in der Folge ‹Betrunken› stark alkoholisiert durch eine Wohnsiedlung stolpern, denn legen sie – die aus dem Off eingespielte Volksfestmusik deutet es an – kaum ein anderes Verhalten an den Tag, als es bei bestimmten Anlässen von breiten Bevölkerungsschichten toleriert wird. Die Probleme und auch die Komik entstehen jedoch, sobald der gesellschaftlich akzeptierte Ausnahmezustand völlig unerwartet in die sonnenbeschienenen, kleinbürgerlichen Vorgärten überschwappt. Die Konfrontation wird von einer ausgeprägten Beiläufigkeit begleitet. Gerrie und Rikkert pinkeln wie selbstverständlich in einen Briefkasten und übergeben sich auf den Rasen, bis sie laut gröhlend den Vater eines kleinen Mädchens überfahren. Das Vergnügen und der Tod, der Exzess und der Verfall, liegen bei den *New Kids* ganz nah beieinander. Die Komik entsteht hierbei durch die Inkongruenz zwischen Gewalthandlungen und Alltagsbanalitäten (vgl. Gerbode 2004, 88).

Bereits der französische Philosoph Henri Bergson ging davon aus, dass das Komische etwas wie eine zeitweilige Anästhesie des Herzens voraussetze (Bergson 1921, 9). In der Tat kann angenommen werden, dass eine temporäre „seelische Kälte" (Bergson 1921, 8) vonnöten ist, um die Komik der New Kids goutieren zu können. Wenn jedoch selbst Gewalt gegen Kinder der Belustigung dient, dann wird umso mehr verständlich, warum Steve Neale und Frank Krutnik hinter jeder komischen Inszenierung auch ein subversives Element vermuten, das potentiell als Provokation aufgefasst werden kann (Neale/Krutnik 1990, 3). Vor diesem Hintergrund fungieren die *New Kids* als Ventil für den ständigen Rechtfertigungszwang in Zeiten der *political correctness*. Gleichsam wird die moderne Mediengesellschaft gespiegelt: Mit Blick auf eine Sequenz in*New Kids Turbo*, in der sich Richard nach dem Verlust seines Arbeitslosengelds von einem Fernsehteam für eine rührselige Reportage über seinen Hund bezahlen lässt, erklärt Tijs van den Boomen in der Zeitschrift *Der Spiegel*:

> *Der Film bietet einen unbequemen Blick in die Welt der Unterschicht*
> *und die Art und Weise, wie sie von den Medien vermittelt wird.*
> *(van den Boomen 2011)*

Durch die Darstellung ergriffener Fernsehzuschauer (selbstverständlich mit Hund) entlarven die *New Kids* die billigen Tricks der Emotionalisierung und Sensationslust, mit denen täglich aus Perspektivlosigkeit, Bildungsnotstand und Kriminalität ein Unterhaltungsprogramm geformt wird. Als imaginierte Manifestation der Lebensumstände von Talkshowgästen und Reality-TV-Figuren führen die *New Kids* eine ironisch gebrochene Rebellion der verlachten Unterschicht an. Die gesellschaftliche Funktion der Komik erschließt sich folglich nicht aus der Kompensation tragischer Missstände (vgl. Hoffstadt/Höltgen 2011, 9), sondern ergibt sich vielmehr aus einer gezielten Persiflage der modernen Medienkultur. Die scheinbar unschuldigen Opfer der dargestellten Gewalthandlungen erweisen sich hierbei als Karikaturen medialer Heile-Welt-Stereotype: Der Fußball an den Kopf eines übertrieben fröhlich „Limonade!" rufenden

Rentners im Campingurlaub, oder die Schläge für die eingebildeten Yuppies an einer Bushaltestelle rufen insofern auch eine genugtuende Wirkung hervor. Dennoch verfügen die *New Kids* über recht genaue Vorstellungen von sozialen und gesellschaftlichen Normen, allerdings aus einer leicht verschobenen Perspektive. „Ich kann doch keinen Mongo kloppen, Junge", stellt Richard schon in der ersten TV-Episode fest und auch in anderen Folgen geht es immer wieder darum, was ‹normal› sei. Der überwachende Gestus der Kamera, die in einer mechanischen Abfolge statischer Einstellungen jede Bewegung registriert, legt hierbei nahe, dass die *New Kids* in Wirklichkeit die Perspektiven und Interessen des aktuellen Fernsehens widerspiegeln: Sex, Gewalt und Skandale – das Spektakel bestimmt die Aufmerksamkeit und lässt jede Verhältnismäßigkeit verschwimmen. So verursachen die *New Kids* einen Verkehrsunfall, bloß um der Verunglückten unter den Rock zu schauen, und sie eilen zu einem Crash an einer Tankstelle, um es sich gaffend auf Campingmöbeln bequem zu machen. Lediglich der hohe Grad der Übertreibung trübt den Spiegel, der dem Rezipienten hierdurch vorgehalten wird.

Mediengeschichtlich lassen sich die *New Kids* am ehesten als Erben des Slapsticks einordnen: Seien es das feste Figurenensemble oder der teils brutale Humor, die Ähnlichkeiten – beispielsweise zu den Werken der amerikanischen Komikertruppe *The Three Stooges* – sind nicht von der Hand zu weisen. Mehr noch, Anneliese Nowaks Zuordnung des Slapsticks zur Gattung der Farce bietet eine präzise Beschreibung des Provokationspotentials:

> *Farce ist extrem. Sie geht bis an die Grenze des Erträglichen und auch darüber hinaus. Sie ist destruktiv, zynisch, illusionslos, obszön, blasphemisch. (Nowak 1991, 25f)*

All dies trifft auch auf die *New Kids* zu, allerdings mit einem entscheidenden Unterschied: Anders als im Slapstick ist der menschliche Körper ernsthaft verletzbar, seine beinahe realistische Zerstörung wird geradezu goutiert. Die *New Kids* spiegeln hierdurch die mediale Konstruktion von Realität auf den Authentizitätsanspruch des Fernsehens zurück. Der Tabubruch liegt folglich nicht in der expliziten Zurschaustellung versehrter Körper und tabuisierter Körperfunktionen, sondern in der Aufhebung der medialen Gewaltverharmlosung.

Der *Sick Humor* in der Fernsehserie und im Spielfilm

Wie bereits Stanley Cavell konstatiert, ist für die Analyse des Fernsehens das Format von höchstem Interesse (Cavell 2002, 129). Das Fernsehformat bestimmt den Blickwinkel, die Präsentationsform und den ästhetischen Rahmen des Gezeigten. Anders als im Film spielen Strategien der Identifikation nur eine untergeordnete Rolle, vielmehr bietet das Fernsehen einen Modus des gemeinsamen Beobachtens von Dritten (vgl. Ellis 2002, 67,68). Verhältnismäßig kurze, voneinander weitgehend unabhängige Segmente transportieren austauschbare Inhalte, während das Grundgerüst des jeweiligen Formats stetig wiederholt wird (vgl. Ellis 2002, 57). Auf fiktionaler Ebene kommt vor allem die Endlosserie diesen Voraussetzungen sehr entgegen: Sie „etabliert eine stabile Situation, innerhalb derer sich Woche für Woche unterschiedliche Dinge ereignen" und kehrt am Ende jeder Sendung zum Status quo zurück (vgl. Ellis 2002, 56). Das Grundgerüst der Endlosserie entspricht demzufolge einer Versuchsanordnung – eine Beobachtung, die auch in *New Kids* gemacht werden kann: Jede Folge wird durch dasselbe Jingle eröffnet, das durch statische Ansichten der Kleinstadt Maaskantje ergänzt wird. Die darauf folgende Einblendung einer Wand aus Feuer mit dem Label «New Kids» vereinfacht ebenfalls die Wiedererkennung des Formats im *flow* des Fernsehprogramms (vgl. Williams 2002). Wie in den meisten anderen Endlosserien steht eine bestimmte Figurenkonstellation im Zentrum des Interesses. John Ellis schreibt in diesem Zusammenhang:

> *Figuren aus Fernsehserien werden oft zu vertrauten Gestalten, die geliebt oder mit einer bemerkenswerten Toleranz entschuldigt werden: Man gesteht ihnen mehr als den eigenen Familienmitgliedern und Nachbarn zu. (Ellis 2002, 58)*

Selbst schwerste Normverletzungen und Gewalthandlungen werden den *New Kids* verziehen. Infolge der Kombination von Segmentierung und Wiederholung erzeugt die Serie überdies eine Erwartungshaltung der Zuschauer, die auch Auswirkungen auf die Art der Komik hat: Neben der außergewöhnlichen Ausdrucksweise der *New Kids* mit Füllwörtern wie «Junge» und Beleidigungen wie «Homo» und «Muschi» dienen zahlreiche Unfälle, bei denen Nebenfiguren überfahren werden, als Running Gag. Obwohl auch New Kids Turbo an diese serielle Form der Komik anknüpft, bedient sich der Film von Anfang an der ästhetischen Möglichkeiten des Kinos. Zwar gleicht die erste Einstellung, eine Totale des schlichten Kirchturms von Maaskantje, den Eröffnungsbildern der Serie, doch die vermeintlich statische Aufnahme entpuppt sich als der Beginn einer aufwändigen Plansequenz: Die Kamera verfolgt in einer Kranfahrt den kurvenreichen Flug eines Schmetterlings, der letztlich von Robbie erschlagen wird. Statt des im Fernsehen mittlerweile gängigen Seitenverhältnisses 16:9 (1,78:1) nutzt *New Kids Turbo* das Cinemascope-Format (2,35:1) und grenzt sich damit demonstrativ von der Ästhetik der Serie ab (Abb. 3).

Maaskantje im Cinemascope-Format
(Screenshot aus New Kids Turbo)

Auf dramaturgischer Ebene wird die ausschnitthafte Segmentierung in eine kontinuierliche filmische Narration übersetzt. Eine Rahmenhandlung – die *New Kids* verlieren sowohl ihre Jobs, als auch ihre Sozialhilfebezüge und lösen infolgedessen einen Aufstand aus – bindet die Gags in einen linearen Sinnzusammenhang ein.

Wirft man einen Blick auf die Art und die Häufigkeit der Gewaltdarstellung, fällt auf, dass in der *New Kids*-Fernsehserie vor allem Unfälle und Gewalthandlungen gegen Nebenfiguren thematisiert werden, während die *New Kids* im Film oftmals selbst zu Opfern werden. Diese Diskrepanz muss auf die verschiedenen

Erzählkonzepte zurückgeführt werden: Während sich im Modus des Fernsehens die karikaturenhaften *New Kids* vortrefflich als Objekte der ‹gemeinsamen Beobachtung› (vgl. Ellis 2002, 67,68) eignen, erfordert die konventionelle filmische Narration ein deutlich höheres Identifikationspotential. Infolgedessen entwirft *New Kids Turbo* vollständige Charaktere mit sozialen Beziehungen und einem Privatleben. Die pubertären Nichtigkeiten, auf der die Normübertretungen der *New Kids* in der Fernsehserie basieren, werden durch existenzielle Probleme abgelöst. Doch nicht nur Arbeitslosigkeit und Armut bedrohen die *New Kids* im Film, auch die Bestrafung ihres Fehlverhaltens macht ihnen zu schaffen. Die Konsequenzlosigkeit, die in der Serie noch die Grundlage des *Sick Humor* bildete, wird abgelöst durch eine Komik der Übertreibung und dramatischen Steigerung: Als Richard einen Inkasso-Eintreiber niederschlägt, entfesselt er einen immer weiter ausufernden Krieg mit den staatlichen Institutionen. Eine zügige Wiederherstellung des ‹Normalzustandes›, der das Grundgerüst des seriellen Konzeptes bildet (vgl. Rathmann 2004, 87), rückt hierdurch in weite Ferne. Darüber hinaus wendet sich der Zuschauer von der distanzierten Rezeptionshaltung des Fernsehens ab und ergreift Partei: Angesichts der Darstellung einer pathologischen Gesellschaft mit wild um sich schießenden Polizisten und einem Verteidigungsminister, der ein ganzes Dorf bombardieren lässt, wirkt die Realitätswahrnehmung der *New Kids* gar nicht mehr so verschoben. Für die Mechanismen des *Sick Humor* erweist sich das als Problem, schließlich erscheinen die vermeintlichen Normüberschreitungen durch die fünf Protagonisten in dem Moment gerechtfertigt, wenn sie sich gegen den brutalen Staatsapparat richten. Letztlich umgeht *New Kids Turbo* jedoch diese Schwierigkeiten, indem der zweite Teil der Handlung offen als Fantasiekonstrukt gekennzeichnet wird: Da nach etwa fünfundvierzig Minuten angeblich das Budget aufgebraucht ist, lässt der Produzent die *New Kids* ihre Geschichte selbst weitererzählen.

Der *Sick Humor* als Ausdrucksmittel der Medienreflexion

Die *New Kids* müssen in erster Linie als Medienphänomen verstanden werden. Als Sammlung von Internetclips gestartet, behielt auch das Fernsehformat einen Teil der *YouTube*-Ästhetik bei. Ganz deutlich wird dies im Vorspann: Die scheinbar amateurhaft verwackelte, ständig den Ausschnitt korrigierende Handkamera imitiert in Kombination mit dem übertrieben schnellen Schnitt, den unbeholfen posenden *New Kids* und der übersteuerten Eurodance-Musik die Merkmale selbsterstellter Webvideos. Auch populäre Fernsehformate werden parodiert: So beobachtet Rikkert in der Folge ‹Beziehungsprobleme›, wie ein Mann seine Frau verprügelt. Doch statt einzugreifen, versucht er, den beiden einen Motorroller zu verkaufen. Die Folge gleicht hierdurch einem zynischen Gegenentwurf zu den Ende der neunziger Jahre weit verbreiteten Zivilcourage-Werbespots.

Selbst das hochgelobte Format der aktuellen amerikanischen Quality-TV-Serien ist nicht sicher: Komplexe Charakterstudien und Personengeflechte, wie sie die aufwändig produzierte Serie *The Sopranos* (1999-2007) etablierte, werden geradezu provokativ durch simple, sich jeder Entwicklung verweigernde Figurentypen ausgekontert. Stärker noch trifft es das weitaus ältere Format der Sitcom, deren Vorspann, der üblicherweise den Schauplatz und die wichtigsten Figuren unter Einspielung harmonischer Musik vorstellt, gnadenlos parodiert wird. Der *Sick Humor* nimmt hierbei eine geradezu subversive Funktion ein: Folgt man den Ausführungen Annette Brauerhochs, basiert zwar auch ein Großteil der Komik in Sitcoms auf dem (scheinbaren) Bruch von sozialen Normen (Brauerhoch 1995), dies geschieht jedoch fast ausnahmslos in einem gesellschaftlich akzeptierten Rahmen. Das *New Kids*-Format überschreitet diese Grenze und macht so auf die affirmative Grundhaltung vieler Serien aufmerksam.

Die Komik der New Kids-Serie bezieht ihren Reiz folglich aus der Spezifik des Seriellen, sie erweist sich als Destillat eines „Strom[s] simultaner Ereignisrezeption" (Cavell 2001, 144): Trotz der offen herausgestellten Fiktionalität bedient sich das Format der dramaturgischen und ästhetischen Kennzeichen der Überwachung, deren Realitätsreferenzen den Bruch sozialer Normen umso evidenter erscheinen lassen. Im Film kann dies nur durch die medienreflexive Konstruktion mehrerer Narrationsebenen simuliert werden. Das Fernsehen wird hierbei ganz im Luhmann'schen Sinne als Massenmedium dargestellt (Luhmann 1996): Die *New Kids* informieren sich nicht nur mit Hilfe des fiktiven Fernsehsenders ‹TV Brabant› über die Vorgänge in der Welt, sie werden selbst zum Gegenstand der Berichterstattung (Abb. 4). Die wiederholte Darstellung der Publikumsreaktionen suggeriert hierbei gesellschaftliche Teilnahme – mehr noch, durch die direkten Blicke der Fernsehzuschauer in die Kamera wird dem Rezipienten ermöglicht, sich selbst beim Beobachten zu beobachten (Abb. 5).

Diese Selbstbespiegelung behindert jedoch ebenso die Funktionsweise des *Sick Humor* wie die bereits angesprochene filmische Immersion. Der abrupte dramaturgische Bruch nach etwa 45 Minuten muss in diesem Kontext nicht nur als Ausgangspunkt einer höchst subjektiven weiteren Erzählebene, sondern auch als nachträgliche Relativierung der Glaubwürdigkeit der vorangegangenen

Handlung verstanden werden. Der pseudodokumentarische Gestus, mit dem die Figuren im Büro der Produktionsfirma präsentiert werden, stellt eine Rückkehr zum Realismus des Fernsehens dar. Erst durch diese temporäre Wiederherstellung scheinbar unverzerrter gesellschaftlicher Normen kann das Prinzip der Unangemessenheit wieder zur Geltung kommen. Während es jedoch auf dieser Meta-Ebene ausreicht, wenn die *New Kids* ihren Mageninhalt an der Wand

‹TV Brabant› und der selbstreflexive Blick auf die Fernsehzuschauer
(Screenshots aus New Kids Turbo)

des Büros entleeren, muss der Grad des *Sick Humor* in der darauffolgenden, offen fiktionalen Erzählung enorm gesteigert werden: Hier wird ein Schlagersänger verstümmelt und dann erschossen, das Depot eines alten Waffennarren geplündert und ein spektakulärer Showdown mit der staatlichen Ordnungsmacht ausgetragen. Stimmungsgenerierende orchestrale Musikeinsätze und die in Zeitlupe aus dem Gegenlicht aufmarschierenden Helden zeigen an, dass nun die Konventionen des Actionfilms zum Gegenstand der Parodie werden. Dennoch gelingt am Ende die Reintegration der Filmhandlung in das Serienuniversum: Ganz unspektakulär müssen die *New Kids* zur Strafe für ihre zahlreichen Verfehlungen Sozialstunden ableisten und erlangen so wieder den Status quo.

Literatur

Höltgen, S. (2011): „Anyone for Tennis"?: Zeit und Körper im Splatstick-Film, in: Hoffstadt, C./Höltgen, S. (Hg.): Sick Humor, Bochum/Freiburg, 51-64.

Bergson, H. (1921): Das Lachen, Jena.

Van den Boomen, T. (2011): Und es ist DOCH Sozialkritik, verrückter Mongo!, in: Spiegel Online (http://www.spiegel.de/kultur/kino/0,1518,760343,00.html) (30.04.2012).

Brauerhoch, A. (1995): What's the Difference? Adaptionen amerikanischer Situation Comedies im deutschen Fernsehen, in: Schneider, I. (Hg.): Serien-Welten: Strukturen US-amerikanischer Serien aus vier Jahrzehnten, Opladen, 195-213.

Cavell, S. (2002): Die Tatsache des Fernsehens, in: Adelmann, R. u.a. (Hg.): Grundlagentexte zur Fernsehwissenschaft, Konstanz, 125-164.

Ellis, J. (2002): Fernsehen als kulturelle Form, in: Adelmann, R. u.a. (Hg.): Grundlagentexte zur Fernsehwissenschaft, Konstanz, 44-73.

Gerbode, D. (2004): Komik und Gewaltdarstellung, Distanzierende und dissonante Bedeutungs – und Gefühlsangebote in Filmtexten, Diplomarbeit, Potsdam.

Hoffstadt, C./Höltgen, S. (2011): Einleitung, in: Dies. (Hg.): Sick Humor, Bochum/Freiburg, 7-10.

Luhmann, N. (1996): Die Realität der Massenmedien, Opladen.

Neale, S./Krutnik, f. (1995): Popular Film and Television Comedy, London.

Nowak, A. (1991): Die amerikanische Filmfarce, München.

Rathmann, C. (2004): Was gibt's denn da zu lachen? Lustige Zeichentrickserien und ihre Rezeption durch Kinder unter besonderer Berücksichtigung der präsentierten Gewalt, München.

Williams, R. (2002): Programmstruktur als Sequenz oder flow, in: Adelmann, R. u.a. (Hg.): Grundlagentexte zur Fernsehwissenschaft, Konstanz, 33-43.

Alles nur geträumt? Dargestellte und nicht dargestellte Gewalt in Realität und Fantasie bei »Ally McBeal«

Anna Knaup

Johns Korallenfinger-Laubfrosch namens Stefan wurde aufgrund eines Missverständnisses von John und seinen Freunden in einem chinesischen Restaurant verspeist. Zurück in seinem Büro bekommt John einen Lachanfall nach dem anderen. Doch dann wird er plötzlich wütend und schreit Ally an: „He is lucky, he is gone, you know that? Cause people are sick. They just laugh at tragedy." (Folge 2.7, „Happy Trails") Genau in diesen Momenten, wo sich Komisches und Tragisches vereinen, entsteht Dramedy. Ally McBeal[1] gilt als erste Dramedy-Serie überhaupt, die auch so bezeichnet wurde (vgl.: Watson 2006, 3). Sie ist Folge für Folge aus zwei Haupterzählsträngen aufgebaut, nämlich einerseits aus skurrilen juristischen Fällen, die innerhalb einer Folge zum Abschluss gebracht werden, und andererseits aus den fortlaufenden zwischenmenschlichen Beziehungen der wunderlichen Angestellten der Anwaltskanzlei rund um die Hauptfigur Ally McBeal. Die Serie hat dadurch dramaturgisch betrachtet eine „doppelte Struktur",

---

1   In den USA wurde *Ally McBeal* ab September 1997 ausgestrahlt, in Deutschland lief die Serie erstmals ab April 1998, wurde jedoch nach acht Folgen wegen mangelnder Einschaltquoten zunächst wieder abgesetzt. Erst bei der zweiten Ausstrahlung, ungefähr ein Jahr später, fand *Ally McBeal* auch in Deutschland Anklang (vgl. Klien 2001, 14).

denn „die Abgeschlossenheit der einzelnen Folgen steht in Korrespondenz mit der Unabgeschlossenheit der Serie als Ganzem" (Hickethier 2007, 117). Damit ähnelt *Ally McBeal* der Dramedy *Boston Legal*, einer weiteren Anwaltsserie des studierten Juristen David E. Kelley: Auch in der Serie rund um die Bostoner Kanzlei sind die Protagonisten äußerst wunderlich und verhandeln ihre Fälle auf unkonventionelle Weise, jedoch fehlt hier die Integration von Spezialeffekten, die für *Ally McBeal* typisch ist. Durch die Spezialeffekte erlangt der Zuschauer Einblick in das Innere von Ally (vgl. Schicke-Schäfer 2007, 11) samt ihrer Fantasien. Fantasien sind ebenfalls Bestandteil der Dramedy *Scrubs*, die jedoch zu den Krankenhausserien zählt. Nach dem großen Erfolg von *Ally McBeal* wurde, eng an das Konzept dieser Serie angelehnt, *Eli Stone* produziert, eine Art männliche Variante von *Ally McBeal* – jedoch ohne den großen Erfolg von *Ally McBeal*.

Mordslustig

Die Verbindung von Komik mit Gewalt funktioniert bei *Ally McBeal* meistens im Sinne der Inkongruenztheorie, die stark vereinfacht besagt: Notwendige Bedingung für Komik ist eine Normabweichung, die in der Serie eben oft durch Gewalt stattfindet, hinreichende Bedingung ist das Vorliegen einer harmlosen Situation (vgl. Hillebrandt 2011, 128). Gewalt ist typischerweise ein zentrales Thema in Anwaltsserien, doch dargestellt wird sie dort nicht notwendigerweise. In *Ally McBeal* wird auf die Visualisierung von Gewaltszenen weitgehend verzichtet. Dies lässt sich dadurch erklären, dass die Gewalt den juristischen Auseinandersetzungen vorausgeht und innerhalb der Seriendiegese lediglich der moralische Wert verhandelt und die Gewalttat vor Gericht sanktioniert wird. Somit ist das Erzählen der potentiellen Verbrechen zwar erforderlich, nicht aber das Zeigen.

Die Anwaltskanzlei, in der Ally arbeitet, vertritt hin und wieder auch potentielle Mörder vor Gericht. Doch die Mordfälle sind so absurd, dass sie nicht ernsthaft schockieren, sondern eher zum Schmunzeln einladen: In Folge 3.17 („I Will Survive") wird eine Frau beschuldigt, ihren Mann mit dessen Beinprothese erschlagen zu haben, nachdem sie ihn in flagranti mit seiner Physiotherapeutin ertappte. Mit ihren üppigen Brüsten soll in Folge 3.18 („Turning Thirty") eine Frau ihren viel älteren Mann erstickt haben. Da sie am Tourette-Syndrom leidet, soll eine Frau in Folge 4.9 („Reasons To Believe") unabsichtlich ihren Mann gleich zweimal überfahren haben. Ein Mann will in Folge 5.11 („A Kick In The

Head") den Kopf seiner Frau mit einem Fußball verwechselt haben und habe sie deshalb aus Versehen zu Tode getreten.

Die Absurdität, die das Lachen sogar über einen Mord erlaubt, muss allerdings nicht unbedingt im Tathergang liegen, wie zum Beispiel Folge 3.15 („Prime Suspect") zeigt. Hier verhandelt Ally mit ihren Kollegen vor Gericht einen Mordfall, wobei in der Szene gleich mehrere *comic reliefs*, also Momente der Komik als Entlastung, als Stilmittel eingebaut sind: In einem Flashback rekonstruiert dabei die Frau des Ermordeten, was sie zur Tatzeit gemacht hat. Sie ist unter der Dusche zu sehen, während sie aus dem Off die Szene verbal beschreibt. Später nimmt Ally in dem Flashback die Position der Frau ein. Diese Aufnahmen, die Ally unter der Dusche zeigen, sind untypisch für die Serie in schwarz-weiß gehalten, wodurch die Einstellungen noch deutlicher als Flashback gekennzeichnet werden. Vor allem wird durch die Schwarz-Weiß-Aufnahmen unter der Dusche jedoch der intertextuelle Bezug zu Hitchcocks Schwarz-Weiß-Film *Psycho* deutlich gemacht.

Als die Frau aus dem Off erzählt, dass sie ihren Mann mit seinem Namen rief, hört man sie „Joel" rufen, während Ally unter der Dusche den Mund bewegt. Diese unpassende Kombination von Erzählerstimme und Bild sorgt für einen kurzen Moment der Komik, der der Szene ein Stück ihrer Bedrohlichkeit nimmt. Der Duschvorhang wird darauf zurückgezogen und es steht jemand in einem Kapuzenpulli und mit erhobenem Messer vor Ally. Sie schreit unter der Dusche und die Kameraeinstellung fokussiert ihren Mund. Noch immer hört man Ally schreien und sieht ihren aufgerissenen Mund – doch dieses Mal ist er in Farbe gefilmt. Ally schreit auch im Gerichtssaal. Komik entsteht hier durch eine Kategorienvertauschung (vgl. Bachmaier 2007, 9), durch den abrupten Tausch von Realitätsebene und Fantasieebene.

Der Mord wird hier ebenfalls nicht direkt gezeigt, sondern es wird vielmehr eine Parallelhandlung detailliert beschrieben. Dennoch schwingt die Gewalt in dieser Flashback-Szene mit, da während der geschilderten Dusch-Szene der Mann der Frau ermordet wird. Durch den Bezug zu Hitchcocks Thriller *Psycho* entsteht zudem eine verstärkte Erwartung der Gewalt, da die narrative Struktur allgemein bekannt ist.

Auch andere Serien[2] und Filme[3] weisen Referenzen zu der Dusch-Szene aus *Psycho* auf. Erwähnt sei als ein Beispiel für eine Serie Folge 2.9 („Itchy and Scratchy

---

2   Auch der *Ally McBeal*-Nachfolger *Eli Stone* hat Bezüge zu Hitchcock aufzuweisen: Im Pilotfilm wird Eli Stone in einer Fantasie wie Cary Grant in *Der unsichtbare Dritte* von einem Flugzeug durch die Straßen San Franciscos verfolgt.

3   Zum Beispiel wird auch in der Komödie *High Anxiety* von Mel Brooks die Dusch-Szene persifliert.

and Marge") von den *Simpsons*. Hier funktioniert der Bezug sogar komplett ohne Dusche, alleine durch typische Aufnahmeeinstellungen. Anders als bei *Ally McBeal* findet bei den *Simpsons* direkte Gewalt statt: Lisa schlägt Homer mit einem Hammer nieder. Mehrmals ist in der Folge der *Simpsons* außerdem Musik aus dem Film *Psycho* zu hören, die im Pilotfilm von *Ally McBeal* ebenfalls integriert ist, wenn Ally zum ersten Mal Georgia trifft, die Frau ihrer Jugendliebe Billy.[4] Dass ein ernsthafter Gewaltakt wie bei den *Simpsons* in der *Psycho*-Variante von *Ally McBeal* nicht vorhanden ist, ist unter anderem genrebedingt: Während es in Zeichentrickserien gängig ist, Figuren grober Gewalt auszusetzen, ohne dass sie auch nur eine Schramme von der Tat davontragen, ist dies in Genres mit realen Schauspielern eher unüblich.

Im Vergleich mit Hitchcocks Filmen lässt sich besonders gut der Wandel des Einsatzes von absonderlichem Verhalten als Stilmittel auf filmischer Eben aufzeigen: In Hitchcocks spannungsgeladenen Filmen führen Andersartigkeiten von Figuren beim Zuschauer zu einer Distanzierung, während bei *Ally McBeal* wunderliche Figuren zu sympathischen Anti-Helden werden und die Andersartigkeiten als Fundus für komische Szenen genutzt wird (vgl. Binder 2009, 87 f.).

In aller Freundschaft

Im Gegensatz zur Gewalt im Erzählstrang der juristischen Fälle, ist die Gewalt im Erzählstrang der zwischenmenschlichen Beziehungen in der Diegese dargestellt: Nachdem Ally Billy, den Mann von Georgia, geküsst hat, kommt es zwischen Ally und Georgia zu Differenzen. In der Unisex-Toilette entwickelt sich in Folge 2.17 („Civil War") eine Schlägerei zwischen Ally und Georgia. Nelle und Ling kommen hinzu und alle vier Frauen ziehen sich gegenseitig an den Haaren. Ally klettert als Steigerung der Absurdität auf eine Toilettenwand und springt wie eine Wrestlerin auf Georgia hinab. Außer einer kleinen Wunde an Allys Kopf bleibt die Schlägerei jedoch ohne nennenswerte Konsequenzen.

In Folge 3.14 („The Oddball Parade") ist Ally wütend. Um sich abzureagieren, boxt sie mit überdimensionierten Riesenboxhandschuhen gegen eine Toilettentüre. Ohne erkennbares Motiv schlägt Ally plötzlich nicht mehr die Türe, sondern Nelle mitten ins Gesicht. Diese fragt verdutzt „Are you crazy?", worauf Ally wutgeladen mit „yes" antwortet. Nelle flüchtet. Billy hat kurz vor dem Schlag die Toilette betreten und versucht nun ebenfalls mit Ally zu reden, doch diese

---

4   Mehr zu Musik aus Hitchcocks *Psycho* in *Ally McBeal* bei Gymnich 2007.

will in Ruhe gelassen werden. Provokant fragt Billy: „What do you gonna do? Hit me, too?" Sozusagen als Antwort holt Ally aus und schlägt Billy so kraftvoll, dass er nach hinten an das Waschbecken taumelt.[5] Der Humor entsteht hier vor allem dadurch, dass Ally rhetorische Fragen wortwörtlich nimmt, also durch einen Konventionsverstoß (vgl. Bachmaier 2007, 9 f.).

Nur geträumt

Träume werden in der Dramedy nicht als solche eingeleitet, sondern vielmehr im Nachhinein entlarvt, indem Ally nach den Traum-Szenen aus ihrem Bett aufschreckt. Das Geschehen wird vom Zuschauer zunächst ganz selbstverständlich auf der Realitätsebene der Serie verortet. Direkt nach der Ausübung von Gewalt, wird die Szene dann als Traum aufgelöst, so dass hier eine These von Kant zutrifft: „Das Lachen ist ein Affekt aus der plötzlichen Verwandlung einer gespannten Erwartung in nichts" (Kant 2005, 25). Das Lachen über Gewalt entsteht dadurch, dass es sich nur um Gewalt in einem Traum gehandelt hat.

Allys Träume sind häufig Albträume, die nach Freud „verhüllte Erfüllungen von verdrängten Wünschen" (Freud 1978, 106) sind. Dies mag bei einigen ihrer Träume durchaus zutreffen, zum Beispiel wenn Ally in Folge 1.12 („The Blame Game") von einem Flugzeugabsturz träumt, bei dem Georgia stirbt. Da Ally in Georgias Mann Billy verliebt ist, könnte es sich durchaus um eine Wunscherfüllung handeln.

Bei folgendem Traum trifft dies jedoch sicherlich nicht zu: Das computeranimierte Baby ist ein wiederkehrendes Motiv bei *Ally McBeal* und soll symbolisieren, dass Allys biologische Uhr tickt. In Folge 4.20 („Cloudy Skies, Chance Of Parade") sieht Ally abermals das Baby, das inzwischen im Greisenalter ist. Das Baby schiebt eine Kanone in Allys Schlafzimmer und richtet sie auf Ally. Das gealterte

---

5   Die Riesenboxhandschuhe sind ein *Running Gag* in der Serie und werden vor allem von John genutzt. Bereits in Folge 3.6 („Changes") verprügelt er mit den Handschuhen eine Toilettenwand, weil er wütend ist, nicht ‚normal' zu sein. In Folge 4.7 („Love On Holiday") boxt John mit den Handschuhen in die Luft, weil er auf Larry wütend ist, der sich seiner Meinung nach über Johns seltsame Dreiecks-Beziehung zwischen ihm, Kimmy und ihrer Mutter lustig gemacht hat. Später in der Folge boxt John ohne die Riesenhandschuhe in die Luft, doch die Assoziation zu den Handschuhen ist etabliert und der Gag funktioniert alleine über die Anspielung.

Baby schießt und Ally wacht aus ihrem Traum auf. Der Humor entsteht durch die absurde Idee, dass ein ungeborenes Baby seine Mutter ermordet.

Echt jetzt?

Fantasien werden in der Dramedy durch visuelle Übertreibung im Sinne von Spezialeffekten (meistens *digital post-productions*, vgl. Klien 2001, 37) markiert. „Ally McBeal takes the language of violence that special effects have developed in the horror film and crosspollinates it with the melodrama's emphasis on hidden feeling" (Smith 2007, 52). Dies schließt jedoch nicht aus, dass auch in der Dramedy durch Spezialeffekte Gewalt vermittelt wird. Gewalt ist hier als komisches Element zu bewerten, das nicht auf der Realitätsebene der Serie zu verorten ist.

Der gegnerische Anwalt nimmt in Folge 2.10 („Making Spirits Bright") Allys Argumentation nicht ernst, worauf sich Allys Arm auf ein Vielfaches verlängert, bis sie den Anwalt der Gegenpartei in ihrer Fantasie schlagen kann. Zum einen ist die Verlängerung des Armes absurd, zum anderen bleibt der Schlag ohne Konsequenzen, so dass das Lachen über die Figuren akzeptabel erscheint. Doch nicht immer bleiben Allys Gewaltfantasien ohne Konsequenz: Ally meint in Folge 2.10 („Making Spirits Bright"), ein von ihr fantasiertes Baby zu treten, tritt jedoch einen in der Seriendiegese real existierenden neunjährigen Jungen. Allys Verwechslung von Realitätsebene und Fantasieebene lädt zum Lachen ein und erinnert außerdem an Freud, der Verdrängung als ein Mechanismus zur Abwehr nicht tolerierter Wünsche ins Unbewusstsein versteht, wobei der verdrängte Wunsch Einfluss auf das Außenleben haben kann (vgl. Freud, 435f.). Bei *Ally McBeal* ist dieser ‚Einfluss auf das Außenleben' komisch gestaltet, so dass letztendlich Gewalt in Komik sublimiert wird.

Die Implikation von Spezialeffekten zur Indikation von Fantasien in der Serie *Ally McBeal* bedeutet auch eine Ausweitung der Erzählmöglichkeiten: Neben der Möglichkeit, die Außenperspektive auf eine Figur zu zeigen, kann so auch die Innenperspektive verbildlicht werden.[6] In den beiden vorangegangenen Beispielen wird deutlich Allys Innenperspektive eingenommen. Es gibt jedoch auch Fälle, bei denen die Zuordnung nicht so leicht von der Hand geht: Als ein

---

6 Auch durch das Mittel der voice over, also durch einen Off-Erzähler, kann ein Einblick in das Innere einer Figur ermöglicht werden. Nachdem in den ersten Folgen von *Ally McBeal* noch viel mit Off-Kommentaren gearbeitet wurde, entschied sich David E. Kelley später gänzlich auf diese Technik zu verzichten und stattdessen ausschließlich mit Fantasieszenen zu arbeiten, um die Innenperspektive einer Figur darzustellen (vgl. Appelo 1999, 12).

Mann in Folge 1.10 („Silver Bells") im Zeugenstand von seiner glücklichen Familie vorschwärmt, ziehen Ally, Georgia und Whipper nacheinander eine Waffe und schießen damit auf den Mann. Entweder Ally bezieht in ihrer Fantasie Georgia sowie Whipper mit ein, da diese ebenfalls Singles sind und sich von der Aussage ebenso verletzt fühlen müssten oder alle drei Frauen haben jede für sich diese Fantasie. Womöglich sind die Schüsse aber auch ein nicht-diegetischer Kommentar. Gesteigert wird die Komik in der Szene in jedem Fall durch die Verdreifachung des Erschießens, also durch eine Übertreibung, wobei eine Konsequenz der Schüsse wiederum ausbleibt.

Auch durch Krankheiten bedingte Gewalt-Halluzinationen werden bei *Ally McBeal* thematisiert: So kämpft zum Beispiel in Folge 3.12 („In Search Of Pygmies") Marty, ein älterer Herr, der an Demenz erkrankt ist, gegen eine von ihm fantasierte Gruppe von Miniatur-Pygmäen. Als Marty wieder einmal vor bewaffneten Pygmäen flüchten möchte, läuft er vor ein Auto und stirbt an den Folgen des Unfalls. Es sind die bestürzten Gesichter der Umherstehenden zu sehen, die den Ernst der Lage verdeutlichen. Als Marty stirbt, fließen bei den anderen Figuren sogar Tränen. Realistisch vermittelte Trauer steht folglich einer Verbindung von Gewalt und Komik entgegen und Fantasien sind in *Ally McBeal* damit ausnahmsweise einmal nicht Ursprung von Komik, sondern von Tragik.

Sprechende Bilder

Sich auf die Metapher im filmischen Rahmen einzulassen, mag womöglich zunächst befremdlich wirken, da zwar im Sprachsystem die Beziehung von Signifikat und Signifikant auf Konventionen beruht (de Saussure), nicht jedoch im Film, in dem schließlich beide Seiten der Medaille gleichzeitig gezeigt werden. So verwundert es nicht, dass filmische Metaphern von Sprachmetaphern abhängig sind: Nur wenn im sprachlichen Paradigma ein korrespondierender Ausdruck existiert, können filmische Metaphern funktionieren (vgl. Carroll 1996, 204). Es ist auffällig, dass Spezialeffekte bei *Ally McBeal* oft metaphorisch funktionieren und auf diese Weise die Emotionen der Figuren veranschaulichen.

Im Pilotfilm erklärt Allys Jugendliebe Billy ihr, dass er sich freue, dass Ally nun ein neues Mitglied der Kanzlei sei, für die er auch arbeitet, denn er schätze gute Kolleginnen sehr. Da Ally für Billy gerne mehr wäre als nur eine gute Arbeitskollegin, fühlen sich Billys Worte für sie ‚wie ein Stich ins Herz' an. Ally wird gezeigt, wie ihr gleich mehrere Pfeile in den Brustkorb schießen. Sie fühlt sich verletzt, doch äußerlich lässt sie sich nichts anmerken.

Als John in Folge 3.1 („Car Wash") in der Kanzlei vor versammelter Mannschaft in einem unüberlegten Moment verrät, dass Ally Geschlechtsverkehr mit einem Mann hatte, wirft Ally John einen ‚scharfen Blick' zu, der so scharf ist, dass ihr Messer aus den Augen schießen, die in Johns Oberkörper landen. Sie schießt ein weiteres Messer aus ihren Augen, das dieses Mal mitten in Johns Stirn landet. Komisch wirkt diese Szene vor allem durch Johns Reaktionen auf die eigentlich nur imaginierten Messerwürfe: Johns Oberkörper geht aufgrund der Wucht des ersten Schwalls an Messern leicht zurück und als das finale Messer folgt, verzieht John eher beleidigt als schmerzvoll das Gesicht. So wird der Gewaltphantasie die Konsequenz des eigentlich eintretenden Schmerzes durch Johns Reaktion sichtbar genommen.

Als Ally Jenny in Folge 5.13 („Woman") kündigt, sieht sie, wie ein Schwert Jenny den Kopf abschlägt. Jennys Kopf landet auf Allys Schreibtisch und bittet sie dort liegend darum, nicht gefeuert zu werden. Als Ally später auch noch Glenn kündigt, schlägt das Messer noch einmal zu und Glenns Kopf rollt auf dem Boden. Dort liegend kommentiert er: „Really nice". Als Ally am nächsten Tag in ihr Büro kommt, erklären Jenny und Glenn, dass sie eine eigene Kanzlei gründen werden. Ally hält nun ihren eigenen Kopf im Arm, verbal versucht sie sich jedoch gelassen zu geben: „Oh, oh, that's, that's amazing". Hier wird die Metapher „es werden Köpfe rollen" / „heads will roll" visualisiert. Dabei wird die Metapher zum *Running Gag* in dieser Folge.

Bei der visuellen Umsetzung von metaphorischer Gewalt sind vermehrt Parallelen zur zeitlich nach *Ally McBeal* abgedrehten Dramedy *Scrubs* zu finden: Bei *Ally McBeal* bespeien sich Ally und Ling bei einem Streit in Folge 3.10 („Just Friends") gegenseitig wie Drachen mit Feuer, während bei *Scrubs* in Folge 1.6 („My Bad") Dr. Cox Feuer auf J.D. speit. Während Ally in Folge 2.15 („Sideshow") immer wieder fantasiert, dass Georgia ein Messer im Rücken steckt, entfernt J.D bei *Scrubs* in Folge 2.14 („My Brother, My Keeper") Dr. Townshend ein Messer aus dem Rücken. In allen Fällen bleibt die Gewalt ohne Konsequenzen. Dass sich hier Parallelen aufzeigen, verwundert nicht, da nur eine begrenzte Anzahl von

Metaphern existiert, die kulturell verankert sind und so vom Zuschauer problemlos aufgelöst werden können.

Fazit

In der Dramedy *Ally McBeal* wird physische Gewalt oft als auslösender Moment für Komik verwendet. Dabei sind die Gewalttaten auf der Realitätsebene extrem absurd gehalten, so dass schließlich die Komik der Gewalt ihr Bedrohungspotential nimmt. Außerdem ist die Gewalt, die den juristischen Fällen vorausgeht, nicht sichtbar, sondern wird lediglich verbal verhandelt. Ausschreitungen innerhalb des festen Figurenensembles von *Ally McBeal* bleiben in der Regel ohne Konsequenz, so dass auch hier das Lachen über Gewalt moralisch vertretbar ist. Haben Szenen, denen Gewalt inhärent ist, ernsthafte Konsequenzen für eine Figur, wird die Gewalt in der Dramedy nicht mit Komik verknüpft.

Als besonders untersuchungswert haben sich Fantasie-Szenen herausgestellt, in denen Spezialeffekte integriert sind. Die Spezialeffekte unterbrechen dabei nur kurzzeitig die Narration auf der Realitätsebene. Sie wirken bei *Ally McBeal* theoretisch wie ein Anti-Realitätsmarker, durch den zahlreichen Einsatz ordnen sie sich praktisch jedoch „in das Repräsentationssystem nahtlos ein" (Schwaab 2010, 323). Dennoch wird durch die Spezialeffekte die Medialität und Fiktionalität der Serie besonders deutlich, so dass das Lachen über Gewalt im Zusammenhang mit Spezialeffekten bei *Ally McBeal* per se moralisch legitim wirkt, selbst wenn Gewaltfantasien Auswirkungen auf die Realitätsebene haben.

Literatur

Appelo, T. (1999): Die Welt der zauberhaften Ally McBeal. Das offizielle Buch, Berlin.

Bachmaier, H. (2007): Warum lachen die Menschen? Über Komik und Humor, in: Bachmaier, H. (Hg): Lachen macht stark, Göttingen, 9-23.

Binder, N.A. (2009): Kurzweilige Neurosen. Zum Faszinationspotenzial von „Ally McBeal" und „Monk", Marburg.

Carroll, N. (1996): Theorizing the moving image, Cambridge.

Freud, S. (1978): Vorlesungen zur Einführung in die Psychoanalyse und Neue Folge. Band 1: Elemente der Psychoanalyse, Frankfurt.

Gymnich, M. (2007): Meta-Film und Meta-TV: Möglichkeiten und Funktionen von Metaisierung in Filmen und Fernsehserien, in: Hauthal, J. (Hg.): Metaisierung in Literatur und anderen Medien. Theoretische Grundlagen, historische Perspektiven, Metagattungen, Funktionen, Berlin, 127-154.

Hickethier, K. (2007): Film – und Fernsehanalyse, 4. Aufl., Stuttgart.

Hillebrandt, C. (2011): Das emotionale Wirkungspotential von Erzähltexten. Mit Fallstudien zu Kafka, Perutz und Werfel, Berlin.

Kant, I. (2005): Auflösung gespannter Erwartung, in: Bachmaier, H. (Hg.): Texte zur Theorie der Komik, Stuttgart, 24-28.

Klien, A. (2001): Kult-Switching. Beobachtertheoretische Erklärungen der unterschiedlichen Rezeption der TV-Serie „Ally Mc Beal" in Deutschland und den USA, München.

Schicke-Schäfer, R. (2007): Desires everywhere. Die Rolle der Frau in den US-amerikanischen Fernsehserien „Ally McBeal" und „Sex and the City", Saarbrücken.

Schwaab, H. (2010): Erfahrung des Gewöhnlichen. Stanley Cavells Filmphilosophie als Theorie der Populärkultur, Münster.

Smith, G.M. (2007): Beautiful TV. The art and argument of Ally McBeal, Austin.

Watson, E. (2006): Preface, in: Watson, E. (Hg.): Searching the soul of Ally McBeal. Critical essays. Jefferson, N.C., 1-6.

Screwball-dialoge und soziale Gewalt: Veronica Mars

Nils Bothmann

Veronica Mars ist ein Genrehybrid, eine Noir-Detektiv-Serie voller Wortgefechte, deren Titelfigur in den ersten zwei Staffeln vor allem im Highschool-Milieu ermittelt, in der dritten und letzten Staffel das College besucht. Neptune, der fiktive Handlungsort in Kalifornien, wird bereits in der Pilotfolge als „town without the middle class" beschrieben, seine Zwei-Klassen-Gesellschaft, die sich in ultrareiche Softmillionäre und Filmstars auf der einen Seite und schlecht bezahlte Lohnarbeiter auf der anderen Seite aufteilt, ist von Animositäten und Klassenkämpfen zwischen beiden Bevölkerungsschichten geprägt. Neptune ist beinahe als Simulation im Sinne Baudrillards (vgl. Baudrillard 2001, 169-187) zu verstehen, ein hyperrealer Ort, dessen stilisierte Zwei-Klassen-Gesellschaft (noch) nicht existiert, angesichts aktueller Prognosen aber als Endpunkt derzeitiger gesellschaftlicher Entwicklungen gesehen werden kann. Veronica und ihr Vater, der Privatdetektiv Keith, zählen sich zur Unterklasse („Tonight we eat like the lower middle class to which we aspire" [„Pilot", 1-1]).[1]

Die Zustände in Neptune kann man als „race-class-gender war" (Edwards 2006, 78) bezeichnen, die im Mikrokosmos der Highschool, einer exakten Kopie der gesamtgesellschaftlichen Verhältnisse (vgl. Klein 2006, 87), ebenfalls ausgefochten werden. Oder, um es mit den Worten von Lisa Emmerton auszudrücken: „In Neptune, high school is the real world." (Emmerton 2011, 135). Noch dazu besitzen die Teilnehmer dieser Stellvertreterkriege größere Freiheiten, da sie als Jugendliche unter weniger Erwartungsdruck stehen als die erwachsenen Mitglieder der Gesellschaft, aber auch strafrechtlich mit weniger Konsequenzen

---

1 Einige Analysen bezeichnen sie aber auch als einzige Mittelklasse-Bürger von Neptune (vgl. Hassenger 2006, 100) oder zusammen mit den wenigen auf dem Bildschirm zu sehenden Lehrern und Mechanikern zu dieser Klasse gezählt (vgl. Watt-Evans 2006, 161).

zu rechnen haben.[2] Die Klassenkämpfe sind harsch und werden im Folgenden als soziale Gewalt bezeichnet. Der Begriff wird häufig im Kontext häuslicher Gewalt verwendet und bezeichnet die Isolation und Kontrolle der unterdrückten Frau (vgl. Stangl 2005).[3] Die soziale Gewalt in *Veronica Mars* funktioniert ähnlich, hier ist es jedoch die Kontrolle von und Abgrenzung zu anderen Cliquen und Klassen innerhalb von Neptune sowie die Isolation ungewollter Personen. Dies könnte man auch als *Bullying* bezeichnen, jedoch wäre die Verwendung dieses Begriffs nicht unproblematisch: Zum einen gibt es keine einheitliche Definition von *Bullying*, obwohl Übereinstimmungen verschiedener Definitionsversuche durchaus Kernaspekte des Phänomens *Bullying* auf den Punkt bringen (vgl. Lines 2008, 17-19; vgl. Harris 2009, 4-5). Weiterhin wird die Ausgrenzung anderer in einigen Definitionen nicht zum *Bullying* dazu gerechnet, der also eher passive Akt der Nichtwahrnehmung des Opfers von der aktiven verbalen und/oder physischen Gewalt des *Bullyings* unterschieden (vgl. Williams/Nida 2009, 279-293). Die soziale Gewalt in *Veronica Mars* zeichnet sich jedoch gerade durch Akte von Inklusion und Exklusion aus, welche auch die Hauptfigur erfahren musste: In Rückblenden wird sie als Teil der reichen 09er-Clique[4] gezeigt, aus der sie jedoch verstoßen wurde, nachdem ihre beste Freundin, die Tochter des Milliardärs Jake Kane, ermordet wurde und Veronicas Vater, der damalige Sheriff, ausgerechnet Kane verdächtigte. Der Terminus der sozialen Gewalt erfasst außerdem die Tatsache, dass die *Bullying* – und Ausgrenzungsstrategien an der Neptune High ein Spiegel der gesamtgesellschaftlichen Verhältnisse sind: Nicht nur Veronica verlor ihren Status an der Schule, auch ihr Vater wurde seines Amtes enthoben, die Mars-Familie verlor ihr Haus und war daher gezwungen, umzuziehen – in einen als arm stigmatisierten Appartementkomplex –, woraufhin Veronicas Mutter die Familie verließ. Keith sieht sich im Laufe der Serie immer wieder ähnlichen Anfeindungen wie Veronica ausgesetzt, diese sind jedoch fast immer in den Mantel erwachsener Zurückhaltung gehüllt.

Die soziale Gewalt in *Veronica Mars*, die sich vor allem in Ausgrenzung und Missachtung, aber auch in Streichen, verbaler und in seltenen Fällen physischer Gewalt manifestieren kann, verdient ihren Namen ebenfalls daher, dass sie den

---

2   In der Folge „Credit Where Credit's Due" (1-2) wird dies sogar ausdrücklich thematisiert: Obwohl Weevil, der 17jährige Anführer der PCH-Bikergang, den ihm zur Last gelegten Kreditkartenbetrug nicht begangen hat, befürwortet seine Großmutter seine Verhaftung anstelle seines schuldigen volljährigen Cousins Chardo, da dieser nach Erwachsenenrecht bestraft werden würde.

3   Man könnte geschlechterneutral auch von einem unterdrückten Partner sprechen, in den meisten Fällen sind allerdings Frauen die Opfer häuslicher Gewalt (McCue 2008, 30).

4   Benannt nach der Postleitzahl des Viertels der Wohlhabenden: 90909.

sozialen Status von Aggressor und Opfer thematisiert, dieser der Anlass für den Gewaltakt ist oder das Unterminieren ebenjenen Status' das Ziel des Gewaltaktes darstellt. Veronicas in der ersten Staffel bestehender, oft angesprochener Ruf als promiskuitive Schlampe ist kaum durch ihr Verhalten während einer in Rückblenden gezeigten Party zu begründen, auf der sie unter Drogeneinfluss offenherzig mit Klassenkameraden flirtete. Denn während häufiges Wechseln der Betten in Neptune üblich ist, wie es gerade 09er wie Dick Casablancas demonstrieren, so bestimmt die herrschende wohlhabende Kaste an der Neptune High, wer mit Rufschädigung bestraft wird (vgl. Fitzwater 2006, 199-201). *Bullies* in der Realität legen die (angeblichen) Stigmata ihrer Opfer fest, setzen Normen und ächten Außenseiter (vgl. Juvonen/Galván 2009, 299) – an der Neptune High wird der soziale Status stigmatisiert. Selten werden *Bullying* – und Ausgrenzungsstrategien auch innerhalb einer sozialen Schicht angewandt, dann zudem stets für persönlichen Gewinn: Das 09er-Mädchen Meg wird von einer Rivalin als promiskuitiv dargestellt, da diese Megs Starstatus beim Schulfernsehen begehrt („Like a Virgin", 1-8), Weevil wird von Thumper als Anführer der PCHer[5] entmachtet und aus der Gang verstoßen, damit dieser die Leitung übernehmen und mit dem Verkauf von Drogen Geld verdienen kann („Rashard and Wallace Go to White Castle", 2-12).

Physische Gewalt stellt in diesem Mikrokosmos dagegen einen Ausdruck von Hilflosigkeit dar. Obwohl 09er selbst mit Mord und Vergewaltigung oft ungeschoren davonkommen, so wenden sie physische Gewalt, vor allem öffentlich gezeigte physische Gewalt, in der Regel nur als Kurzschlussreaktion an: Etwa wenn sich Logan und Duncan, emotional aufgewühlt, aufgrund eines schnippischen Kommentars prügeln („Cheatty Cheatty Bang Bang", 2-3) oder Logan Veronicas Auto demoliert, nachdem einer ihrer Pläne ihm väterliche Sanktionen einhandelt („Pilot", 1-1). Gemäß der Deutung, dass die Armen in Neptune gesetzlos und verzweifelt sind (vgl. McCubbin 2006, 141), wenden die PCHer regelmäßig physische Gewalt an. Jedoch zeigt *Veronica Mars* deutliche Kontraste zwischen beiden Formen der Gewaltanwendung auf: Während Ausgrenzungsstrategien und Rufschädigung eine systematische Kampagne sind, die kontinuierlich geführt wird und teilweise sogar grundlos erscheint, so haben die Gewaltakte der PCHer ein klares Ziel: Sie binden Wallace nackt an einen Flaggenmast, um ein öffentliches Exempel zu statuieren und damit er vor Gericht keine Aussage gegen sie macht, während die 09er-Jugendlichen ihn passiv durch unterlassene Hilfeleistung ausgrenzen oder sogar aktiv Handyfotos des „Lynching,

---

5   Benannt nach dem *Pacific Coast Highway*.

Neptune-style" (Edwards 2006, 75) schießen („Pilot", 1-1). Gleichzeitig wird die physische Gewalt als gewissermaßen ehrlichere Form der Konfrontation gezeigt: In der nächsten Folge werden 09er-Mädchen Caitlin und PCHer Chardo als Schuldige eines Kreditkartenbetruges enttarnt, die noch dazu eine Affäre hatten, also gegen das Kastensystem an der Neptune High verstießen. Am Ende der Folge werden beide von ihren Cliquen verstoßen: Während Weevil seinem Cousin offen sagt, dass er aus Neptune verschwinden solle, ihn von den Mitgliedern der Gang als Strafmaßnahme zusammenschlagen lässt (jedoch nicht ohne seiner rechten Hand zu sagen, dass er die anderen zurückhalten solle, bevor sie zu weit gingen), so werden Caitlin Plätze an den 09er-Tischen der Freiluftcafeteria verweigert – wortlos wird sie aus der Stadt gejagt („Credit Where Credit's Due", 1-2).

Viele der Hauptfiguren in *Veronica Mars* sind durch diese Gewalterfahrungen geprägt, sowohl als Opfer als auch als Aggressoren. Veronica gehört zu keiner Clique, kann sich daher frei zwischen den Gruppierungen bewegen – der Preis dieser Mobilität ist allerdings der, zu keiner Klasse wirklich dazuzugehören. Veronicas Freundschaften und Liebesbeziehungen werden mit Individuen geschlossen, die entweder ebenfalls außerhalb des Cliquen – und Kastensystems stehen (Wallace, Mac), die diese Bindung trotz Widerspruch ihrer Gruppe pflegen (Meg) oder soviel Einfluss haben, dass ihre Clique diese Bindung akzeptiert (Weevil, Logan, Duncan). Während Veronica sich konstant der sozialen Gewalt dieses Systems erwehrt hat sie keinerlei Skrupel selbst Akte sozialer Gewalt zu begehen: Um einer Klassenkameradin gegen einen erpresserischen Ex-Freund zu helfen, erstellt sie eine Webseite, mit Hilfe derer sie ihn als schwul darstellen und seine geplante Karriere bei der Navy zerstören könnte („M.A.D.", 1-20), mehr als einmal droht sie unwilligen Informanten oder *Bullies* damit sie zu zerstören („Clash of the Tritons", 1-12; „Hot Dogs", 1-19) – womit sie nicht physische Zerstörung meint, wie man an ihrem Vorgehen (wie in „M.A.D.", 1-20) sehen kann, sondern die Schädigung von Ruf und sozialem Status.

Die Gewalterfahrungen verschiedener Charaktere gehen über die in Neptune alltäglichen Formen sozialer Gewalt hinaus, machen Opfer zu Tätern: Logan wird von seinem Vater körperlich misshandelt, was ihn wiederum dazu treibt, die Anführerrolle unter den soziale Gewalt ausübenden 09ern anzunehmen. Während bereits Logan als komplexe, ambivalente, aber letzten Endes doch positive Figur dargestellt wird, so erweist sich Cassidy als eingängige Fallstudie eines Opfer-Täter-Modells. Cassidy übt keine soziale Gewalt aus, ist eher ein Mitläufer bei den 09ern: Mit seinem Bruder Dick bricht er zu einem „panty raid" auf („Nobody Puts Baby in a Corner", 2-7), Dick und andere 09er boten ihm die von Drogen betäubte Veronica an, damit er an ihr seine Unschuld verliert („A Trip to the Dentist",

1-21). Cassidy ist dabei durch das Gender – und Klassen-Machtverhältnis in einer privilegierten Position, in der Untergruppe der weißen 09er-Männer, vor allem innerhalb seiner Familie, nimmt er allerdings wieder eine Opferrolle ein. Von Kindesbeinen an war er das Opfer von Drangsalierungen durch Vater und Bruder, wie man nach seinem Selbstmord erfährt („I Know What You'll Do Next Summer", 3-18), in der zweiten Staffel wird der Zuschauer Zeuge eines innerfamiliären Aktes sozialer Gewalt gegen Cassidy: Der Junge ist auf dem Sofa mit einer Schale Popcorn eingeschlafen und wird vom Vater erschreckt, woraufhin er das Popcorn verschüttet. Von seinem Vater und dessen zweiter, deutlich jüngerer Ehefrau wird er ausgelacht, die Stiefmutter giftet ihn anschließend noch an, er solle das (nicht von ihm verursachte) Chaos wegmachen („Driver Ed", 2-2). Cassidy, der die Anrede mit seinem ungeliebten Spitznamen *Beaver* als dauernde Akte verbaler Gewalt empfindet, entpuppt sich am Ende der zweiten Staffel als mörderisches Mastermind, der zur Wahrung seines Rufes (sprich: seines sozialen Status) mehrere Menschen ermordete oder ermorden ließ, damit der sexuelle Missbrauch durch seinen Baseballtrainer in Kindertagen nicht ans Licht kommt. Auch hier zeigt *Veronica Mars* die unterschiedlichen Wertigkeiten von Gewalt auf: Während die Kombination von familiärer Vernachlässigung und häuslicher, offener Gewalt Logan zum fehlgeleiteten, aber reformierbaren Aggressor auf dem Feld sozialer Gewalt werden ließ, so ist Cassidy als Opfer familiärer Vernachlässigung, sozialer Gewalt innerhalb der Familie und sexuellen Missbrauchs nicht zu retten. Nachdem Logan und Veronica ihn auf einem Hoteldach stellen, wählt er den Freitod („Not Pictured", 2-22). Auch die Offenbarung, dass Cassidy die betäubte Veronica während der mehrfach erwähnten, verhängnisvollen Party vergewaltigte, lässt sich als Versuch lesen, die eigene Opferrolle durch die Ausübung von (sexueller) Gewalt gegen eine andere Person zu überkommen (vgl. Burnett/Townsend 2011, 104).

Angesichts der bisherigen Beschreibung könnte man erwarten, dass *Veronica Mars* ein ausgesprochen harsches Sozialporträt über menschliche Abgründe ist, doch Comedy ist ein essentieller Bestandteil der Serie. Fans schätzen die Wortgefechte und die Selbstironie der Serie (vgl. Cochran 2011, 171), Heather Havrilesky nennt ihren Beitrag in einem *Veronica Mars*-Sammelband „The Importance of Not Being Earnest" (Havrilesky 2006, 205) und in einem Interview verweisen sowohl Serienschöpfer Rob Thomas als auch die Interviewerin auf komödiantisches Schreiben als essentiellen Bestandteil der Serie (vgl. Havrilesky 2005). Dabei funktioniert die Komik zum einen als Vehikel, um die ernsten bis düsteren Botschaften über das amerikanische Klassenwesen und soziale Missstände zuschauerfreundlich an den Mann zu bringen. Doch nicht nur auf dieser extradiegetischen Ebene, auch innerhalb der Handlung hat die Komik einen Zweck. In den Wortgefechten ist *Veronica Mars* im Baudrillardschen Sinne realer als die Realität: Die Teens und ihre Äußerungen sind gewitzter und cleverer als Teenager in der Realität reden würden, von Jesse Hassenger als „wittier-than-life dialogue" beschrieben (Hassenger 2006, 96). Dies dient als von den Zuschauern akzeptierte Überstilisierung im Sinne eines filmischen Realismus, ist jedoch gleichzeitig auch ein Merkmal der sozialen (Gewalt-)Strukturen innerhalb von Neptune. Milan Pavlovic schreibt über den Actionthriller *Last Boy Scout*, dass das Absondern cooler Sprüche dort Teil einer Fassade sei, welche die eigene Verletzlichkeit und die in der Vergangenheit ertragenen Verletzung unter einem Panzer aus unnahbarer zynischer Coolness versteckt, dabei einem Wettbewerb gleichkomme wer besser Schmerzen ertragen könne (vgl. Pavovlic 2000, 173-175). *Last Boy Scout* ist wie *Veronica Mars* eine Aufarbeitung klassischer Noir-Topoi in modernem Gewand: In dem von Shane Black, dessen Kombinationen von Actionsujets und Dialogwitz auch als „Screwball Thrills" (Dalton 2005: 14) bezeichnet wurden, geschriebenen Film als Actionthriller, in Rob Thomas' Serie als Highschool – und Coming-of-Age-Geschichte. In beiden Fällen besitzen Wortwitz und Komik allerdings eine identische Funktion: Sie dienen als Schutzmechanismus, gerade in den Fällen schwerer Beleidigung.

In der Pilotfolge gerät Veronica in Konflikt mit der PCH-Bikergang, deren Anführer Weevil immer wieder auf Veronicas promiskuitiven Ruf anspielt („Why you care so much for that skinny negro anyway? Things I heard about you, he must really lay the pipe right, huh?"). Veronica lässt sich jedoch nicht beeindrucken, sondern kontert auf Weevils obigen Kommentar mit einem schnippischen „Yeah, that's it.", auf ein Lob seines besten Stücks antwortet sie: „Well, let's see it. I mean, if it's as big as you say, I'll be your girlfriend. We could go to prom together! What? What seems to be the problem? I'm on a schedule here, vato." Sie zeigt ihre Verletzlichkeit nicht, sondern wendet Komik als Waffe in der Auseinandersetzung an. Während Weevils Scherze auf ihren sozialen Status aufgrund ihres Rufs anspielen, so verweist Veronica mit dem Begriff „vato" auf Weevils ethnische Herkunft, die ihn ebenfalls in eine niedrige Klasse in Neptune einordnet. Doch nicht nur Veronica, die wortgewandteste Figur der Serie, verhandelt in derartigen Wortgefechten soziale Gewalt. Als Beispiel soll folgender Dialog aus der Folge „Credit Where Credit's Due" (1-2) dienen:

Logan: She's a good little worker, your grandma. Yeah, spic-and-span.

Chardo: It's a tough job, you know? Grandma says you go through a box of tissue a day – your room alone.

Logan: What can I say, you know? She's a very sexy lady.

Lynne Edwards verweist darauf, dass der weiße Logan und spanischstämmige Chardo hier ein Merkmal der schwarzen Community übernehmen, indem sie Aggressionen durch Wortgefechte austragen (vgl. Edwards 2006, 77). Ähnlich wie in derartigen spielerischen Beleidigungen oder Rap-Battles wie sie z. B. in Curtis Hansons *8 Mile* zu sehen sind, werden absurde Behauptungen über das Sexualverhalten des Kontrahenten aufgestellt und Witze über dessen (weibliche) Verwandtschaft gerissen. Logans erste Beleidigung ist jedoch kein spielerischer Witz, sondern ein Akt sozialer Gewalt, der die Hierarchie unter den Konfliktparteien klar herausstellt (Weevils und Chardos Großmutter ist seine Haushälterin), ehe der absurdere Teil der verbalen Konfrontation die Situation entschärft.

Der Wortwitz lässt nicht nur Rückschlüsse auf den Intellekt der Charaktere zu (wie man in der Gegenüberstellung von wortgewandten Charakteren wie Veronica, Logan oder Weevil und sprachlich weniger gewitzten Figuren wie Dick oder Madison sehen kann), sondern ist auf intradiegetischer Ebene auch ein Weg, die gemachten Erfahrungen zu verarbeiten – sei es soziale Gewalt, wie sie Veronica tagtäglich erfährt, oder häusliche Gewalt, wie sie Logan ertragen muss. Als Veronica einen Witz darüber macht, dass sie beinahe bei einem Busunglück gestorben wäre, antwortet Keith „You don't have to make a joke about it, you know." („Driver Ed", 2-2) Doch genau in dem Punkt irrt Keith: Eben diese Witze sind es, die Veronica ermöglichen, mit den Strukturen und der sozialen Gewalt innerhalb von Neptune umzugehen, eben diese Schlagfertigkeit in jeder Situation macht sie zu seiner „badass, action-figure daughter" („Drinking the Kool-Aid", 1-9). Nicht umsonst antwortet sie auf obige Aussage: „Sure I do." („Driver Ed", 2-2).

Auf diese Weise gehen Komik und Gewalt in *Veronica Mars* nicht nur eine extradiegetische Symbiose ein, wenn die Serie soziale Missstände ebenso witzig präsentiert wie kommentiert, sondern auch eine intradiegetische: Den (sozialen) Gewalterfahrungen in Neptune kann sich kaum eine Figur entziehen, doch durch Wortwitz können sie diese verarbeiten, durch Schlagfertigkeit können sie sich im allseits präsenten Klassenkampf behaupten. *Veronica Mars* beschäftigt sich also auch mit den dunklen Seiten der Komik, inszeniert diese Brüche im Gegensatz zu der bunten, von Screwball-artigen Dialogen dominierten Welt der Highschool-Serie als Darstellungen des sozialen Gefälles in den USA, dem damit verbundenen Kastenwesen und jener abgründigen Dinge, die hinter der Fassade der heilen Welt des American Dream geschehen.

Literatur

Baudrillard, J. (2001): Selected Writings. 2nd Edition, revised and expanded, Cambridge.

Burnett, T./Townsend, M. (2011): Rethinking "The Getting Even Part". Feminist Anger and Vigilante Justice in a Post-9/11 America, in: Wilcox, R.V./Turnbull, S. (Hg.): Investigating Veronica Mars. Essays on the Teen Detective Series, Jefferson, 95-109.

Cochran, T. R. (2011): Neptune (Non-)Consensual. The Risky Business of Television Fandom, Falling in Love and Playing the Victim, in: Wilcox, R.V./Turnbull, S. (Hg.): Investigating Veronica Mars. Essays on the Teen Detective Series, Jefferson, 167-187.

Dalton, S. (2005): Screwball Thrills, in: Sight & Sound 12/2005, 14-16.

Edwards, L. (2006): On the Down-Low. How a Buffy Fan Fell in Love with Veronica Mars, in: Thomas, R. (Hg.): Neptune Noir. Unauthorized Investigations into Veronica Mars, Dallas, 73-80.

Fitzwater, J. (2006): From Golden Girl to Rich Dude Cryptonite. Why Veronica Mars Is in with the In-Crowd, in: Thomas, R. (Hg.): Neptune Noir. Unauthorized Investigations into Veronica Mars, Dallas, 195-203.

Harris, M. J. (2009): Taking Bullying and Rejection (Inter)Personally: Benefits of a Social Psychological Approach to Peer Victimization, in: Harris, M. J. (Hg.): Bullying, Rejection, and Peer Victimization. A Social Cognitive Neuroscience Perspective, New York, 3-23.

Hassenger, J. (2006). Reality on Mars and Neptune, in: Thomas, R. (Hg.): Neptune Noir. Unauthorized Investigations into Veronica Mars, Dallas, 205-212.

Havrilesky, H. (2005): The Man behind Veronica, in: Salon.com (http://www.salon.com/2005/03/29/rob_thomas/) (Stand: 26.04.2012)

Havrilesky, H. (2006): The Importance of Not Being Earnest, in: Thomas, R. (Hg.): Neptune Noir. Unauthorized Investigations into Veronica Mars, Dallas, 205-212.

Juvonen, J./Galván, A. (2009): Bullying as a Means to Foster Compliance, in: Harris, M. J. (Hg.): Bullying, Rejection, and Peer Victimization. A Social Cognitive Neuroscience Perspective, New York, 299-318.

Klein, A. A. (2006): The Noir of Neptune, in: Thomas, R. (Hg.): Neptune Noir. Unauthorized Investigations into Veronica Mars, Dallas, 83-93.

Lines, D. (2008): The Bullies. Understanding Bullies and Bullying, London/Philadelphia.

McCubbin, C. (2006): The Duck and the Detective, in: Thomas, R. (Hg.): Neptune Noir. Unauthorized Investigations into Veronica Mars, Dallas, 135-147.

McCue, M. L. (2008): Domestic Violence. A Reference Handbook. Second Edition, Santa Barbara.

Pavlovic, M. (2000): The Last Boy Scout, in: Kilzer, A. (Hg.): Bruce Willis, Berlin, 173-175.

Stangl, W. (2005): Theorien zum Erwerb und den Ursachen aggressiven Verhaltens, in: Was Sie immer schon über Psychologie wissen wollten... Arbeitsblätter zur wissenschaftlichen Psychologie (http://arbeitsblaetter.stangl-taller.at/EMOTION/Aggression.shtml) (Stand: 26.04.2012)

Watt-Evans, L. (2006): I'm in Love with My Car. Automotive Symbolism on Veronica Mars, in: Thomas, R. (Hg.): Neptune Noir. Unauthorized Investigations into Veronica Mars, Dallas, 161-168

Williams, K. D./Nida, S.A. (2009): Is Ostracism Worse Than Bullying?, in: Harris, M. J. (Hg.): Bullying, Rejection, and Peer Victimization. A Social Cognitive Neuroscience Perspective, New York, 279-296.

Serien

Veronica Mars
(USA 2004-2007, Creator: Rob Thomas)

Filme

8 Mile
(USA/Deutschland 2002, Regie: Curtis Hanson)

Last Boy Scout – Das Ziel ist Überleben
(The Last Boy Scout, USA 1991, Regie: Tony Scott)

Komische Leichen und leidende Männer: Humor und Pathos in CSI

Sarina Tschachtli

Nach zehn Jahren und zwei Ablegerserien (*CSI: NY, CSI: Miami*) ist die fiktionale forensische Abteilung der Polizei Las Vegas, wo *CSI: Crime Scene Investigation* spielt, geschäftig wie immer. *Family Affair* (10.1), die erste Folge der zehnten Staffel, beginnt mit einem kurzen Einblick in den forensischen Betrieb, bevor zum ersten Tatort geschnitten wird. CSI (Crime Scene Investigator) Catherine Willows trifft im Flur auf CSI Greg Sanders, der einen transparenten Behälter gefüllt mit einer bräunlichen Flüssigkeit vor sich her trägt. Willows fragt im Vorbeigehen: „Mr and Mrs Decomp?" Sanders antwortet: „Till death do they centrifuge." [Abb. 1] In der bräunlichen Flüssigkeit, schliessen wir aus dem kurzen Austausch, sind sterbliche Überreste enthalten, die analysiert werden sollen. Diese Ausgangslage ist charakteristisch für forensische Kriminalserien, und für den Umgang mit toten Körpern in den populären amerikanischen Fernsehserien der letzten Jahre:[1] Tote werden aus nächster Nähe betrachtet und analytisch zerlegt, gewaltsam zerstörte oder weitgehend zersetzte Körper werden den Zuschauenden nicht vorenthalten, sondern effektvoll inszeniert. Die Bedeutung der toten Körper wird in ihrer Materialität gesucht, die oft ein komisches Potential mit sich bringt.

Damit ließe sich die Serie an die „neue Sichtbarkeit des Todes" in der Gegenwartskultur anschliessen, die Thomas Macho und Kristin Marek (2007) konstatieren. Die Szene suggeriert unerschrockene Nähe zu den Toten und damit Souveränität im Umgang mit den zersetzten Körpern und der Gewalt, auf die diese verweisen. Dabei stellt gerade der humoristische Umgang mit Materialität der

---

1   Weitere Beispiele hierfür wären neben den *CSI*-Serien insbesondere *Bones* und *Dexter*, aber auch *Six Feet Under*.

Toten, möchte ich aber im Folgenden argumentieren, eine entscheidende Distanz her zwischen den Zuschauenden und dem eigentlichen Gewaltgeschehen. So werden die Toten im Plastikbehälter en passant kommentiert, sie sind der Gegenstand des Witzelns zwischen Arbeitskollegen. Die Wortspielerei schafft Distanz zur Tatsache des verwesenden Körpers, vor allem aber bedeutet die Zersetzung des Körpers selbst schon eine Abstraktion. Die Toten haben keine Individualität; sie sind hier nur mehr Material. Trotz aller Sichtbarkeit fallen also die Toten und die an ihnen ausgeübte Gewalt aus dem Bild.

"Mr and Mrs Decomp?" – "Till death do they centrifuge."

Auf diese Reduktion an Identität spielt die Frage („Mr and Mrs Decomp?") an. Die Antwort greift das Motiv eines Paars („Mr and Mrs") auf, und entwickelt in dialogischer Schnelle eine morbide Komik, deren Implikationen man bei der Geschwindigkeit des Geschehens kaum bedenken kann. Die zersetzten Körper kehren den Sprechakt des Eheversprechens (bis dass der Tod uns scheidet) um – in ihrer Auflösung werden sie nicht getrennt, sondern verfliessen ineinander. Die Referenz zur Zentrifuge nimmt das Motiv der Trennung wieder auf. CSI Sanders, können wir daraus schließen, ist im Begriff, forensische relevante Informationen aus der Flüssigkeit zu extrahieren. Gelingt ihm dies, können die zerflossenen Personen durch das Bestimmen verschiedener Identitäten getrennt werden, mutmaßlich mittels einer DNA-Analyse. Da der Fall der flüssigen

Leichen in dieser Folge aber nicht weiter verfolgt wird, bleibt ihr Zustand der Verwesung ihre einziges Merkmal, und die Flüssigkeit ein Arbeitsmaterial unter vielen. Die Betrachtung der Toten hat sich mit dem Witz bereits erschöpft.

Doch gerade das Betrachten von toten Körpern, das Kerngeschäft der Forensik, gibt bei *CSI* immer wieder Anlass zu Kommentaren, die Humor und Analyse dialogisch verschränken: schneidende Bemerkungen während der Autopsie oder am Tatort sind fester Bestandteil von *CSI*. Dass Humor in *CSI* sich gerade beim Betrachten von Leichen ergibt, mag mit der Eigentümlichkeit der Arbeitsmaterie zusammenhängen. Doch scheinen sich Humor und Analyse auch in ihrer Betrachtungsweise der Materie ähnlich. Die Forensik zersetzt ihren Gegenstand: Zum einen werden die Körper zur Extraktion von Information selbst zerteilt, vorallem aber werden sie hier analytisch im eigentlichen Wortsinn betrachtet, das heisst in (deduktiv relevante) Einzelteile zerlegt. Mit dem Betrachten des Körpers als Konglomerat von Spuren und Hinweisen, sieht die Forensik an der Ganzheit des Körpers und der Person vorbei. Dasselbe versucht auch der Witz. Wird der Körper zur zu zentrifugierenden Masse, und damit zum abstrakten Ehepaar, schaut der Forensiker bewusst an der Realität eines Gewaltverbrechens vorbei.

Trotz dieses Witzelns lässt sich im Verlauf vor allem der neueren Staffeln *CSI* eine immer stärkere Tendenz zum Pathos beobachten, die den Witz teilweise ersetzt, verstärkt insbesondere durch den Wechsel der Hauptfiguren (Ray Langston ersetzt Gil Grissom). Doch der Gegensatz von Humor und Pathos ist nur ein scheinbarer, denn bei genauerem Betrachten des Pathos lässt sich eine ähnlich distanzierende Funktion ausmachen wie beim Humor, wie ich in einem letzten Schritt argumentieren möchte. Auch hier ist das Fokussieren von zersetzten Körpern ein Mittel, an der Gewalt, die diese bedeuten, vorbeizusehen.

Doch die toten Körper sind hier nicht belustigend, *obwohl* die Kriminalisten grundsätzlich von Gewaltverbrechen ausgehen, sondern gerade deswegen. So könnte man fragen, ob dieses unbekümmerte Kommentieren von Gewaltopfern ein fragwürdiges Fehlen von Empathie bedeutet. Zieht man Sigmund Freuds Theoretisierung von Humor hinzu, so schliessen sich Humor und Gefühlsregung nicht aus, viel eher ist letzteres eine Voraussetzung für ersteres. In seinem Aufsatz *Der Humor* von 1927 fasst Freud seine frühere und ausführliche Schrift *Der Witz und seine Beziehung zum Unbewussten* (1905) folgendermassen zusammen: „[I]ch meine, ich habe gezeigt, daß der humoristische Lustgewinn aus erspartem Gefühlsaufwand hervorgeht." (253) Ein Witz ist deshalb „etwas Befreiendes" (254), weil er eine bewusste „Abwehr der Leidensmöglichkeit bedeutet" (255). Er verweist also immer darauf, dass hier eigentlich ein Gefühlsaufwand erwartet wird und angebracht wäre. Der Scherz über das Zentrifugieren ist gerade deshalb lustig, weil er den Zuschauenden den Gefühlsaufwand respektvoller Betroffenheit über die vorliegende Auflösung von Menschen erspart, und stattdessen einen zeremoniellen Umgangston ironisiert. Der Witz wird nicht *trotz* der Gegenwart Verstorbener gemacht, sondern gerade deswegen; würde es sich um eine andere Materie handeln, würde er, als schlichtes Wortspiel von Auflösung und Trennung, nicht greifen.

"They never seem to get that right in zombie movies."

So kann *CSI*s Humors als eine Distanzierung vom Grauen der Tat und des Körpers, also als ein Ersparen von Gefühl, gelesen werden. Das heißt wiederum, dass die fiktionale forensische Arbeit in nächster Nähe mit dem Tod eigentlich versucht, von diesem wegzusehen. Diese Leseweise lässt sich auch an Pfallers (2009) Verständnis der Spurensuche in *CSI* als Verdrängung anschließen. *CSI*s forensische Beschäftigung mit Körperflüssigkeiten und Dreck dienen, so Pfaller, „der säuberlichen Verschließung gegenüber weiterführenden, die Gesellschaft betreffenden Fragen und der Ablenkung von diesem weitaus bedrohlicheren und insofern ekligeren Skandalon" (13). Der forensische Blick, der den toten Körper und seine Spuren fokussiert, kann also so auch als Verdrängung des sozialen Kontextes und der „Relativität der Schuldfrage" (13) bedeuten. Die

Feststellung, dass sich *CSI*s Humor also gerade an verwesenden Leichen und der Materialität der Toten festmacht, lässt sich an diese Leseweise anschließen. *CSI* nimmt den toten Körper in den Blick, und fokussiert so das Gewaltverbrechen in einer Nähe, die keinen Blick auf das gesellschaftliche Ganze zulässt. Auch darin liegt schließlich ein ersparter Gefühlsaufwand, und ein Lustgewinn.

Im einleitenden Beispiel der zu zentrifugierenden Flüssigkeit stellt sich der Humor dialogisch her.[2] An anderer Stelle ist der Witz schon in der Inszenierung der Leiche selbst enthalten. In *Lover's Lane* (10.8) zum Beispiel wird ein toter Körper entdeckt, weil der Kopf aus einer Bowlingbahn kugelt; ein Moment zwischen Schrecken und Situationskomik. In *Blood Sport* (10.5) steht der Tote morgens auf und putzt seine Zähne, mit eingetrümmertem Schädel und blutüberströmt. Der Pathologe erklärt „the zombie-thing" im Verlauf der Episode: Sprach- und Denkvermögen waren durch das Kopftrauma ausgeschaltet, nicht aber das Routineverhalten. CSI Stokes kommentiert: „They never seem to get that right in zombie movies." [Abb. 2] Auch hier setzt die Serie auf eine effektreiche Inszenierung der Leiche, um dann das Grauen umgehend mit wissenschaftlicher Erklärung und dialogischem Witz zu zersetzen. Diese Leichen machen die an ihnen ausgeübte Gewalt so deutlich sichtbar, dass sie in ihrer komischen Materialität diese zugleich verdecken.3 Gerade diese extreme Sichtbarkeit entschärft das Gesehene, weil sie die Leichen depersonalisiert und als artifiziell ausweist; der Kopf wird nur mehr zu Kugel und der Zerschlagene zum beliebigen Zombie. Und schließlich bedeutet der forensische Blick, den die Ermittelnden vorgeben, dass die toten Körper als materielle Evidenz betrachtet werden, worüber die gewaltsame Zerteilung einer Person leicht vergessen geht.

Ein ähnliches Schema lässt sich zu Beginn der zweiten Episode, *Ghost Town* (10.2), festmachen. Dort nehmen Arzt und CSI Langston und Pathologe Robins eine vermeintlich routinemäßige Autopsie vor und finden ein fleischiges

---

2   Ähnliche Kommentare der zehnten Staffel: In 10.5, „Blood Sport" beschreibt der Pathologe ein Schädeltrauma und CSI Stokes antwortet: „Thanks for ruining another breakfast for me." Der Pathologe: „It's what I do." In 10.11, „Sin City Blue", wird eine tote Frau unter der Matratze eines geräumigen Hotelbetts gefunden. Officer Brass kommentiert: „She's definitely not sleeping it off." Auch in anderen Staffeln und Serien (*CSI: NY, CSI: Miami*) lassen sich zahllose Beispiele für Tatort- und Pathologiehumor finden, hier möchte ich mich aber der Übersichtlichkeit halber auf die zehnte Staffel von *CSI: Crime Scene Investigation* beschränken.

3   Diese Ambivalenz der Sichtbarkeit ist in Bildern von Toten ein wiederkehrendes Motiv: Elisabeth Bronfen (2004) zeigt, wie Todesbilder ihre bedrohliche Bedeutung immer wieder zu verdecken suchen, und dabei zugleich von einer Faszination zeugen, die eben diese Bedeutung nicht vollständig unterdrücken lässt.

Geschenk im Innern des Toten. Folgende Konversation findet am offenen Körper statt [Abb. 3]:

> Robins: „This didn't occur naturally."
> Langston: „What tipped you off, the two half-hitches in a bow?
> Robins: „No, the fact that the small intestine's tied around the spleen.
> It's red and green and looks like a christmas present."
> CSI Willows kommt dazu, und fragt: „Someone cut into him and gift-wrapped his guts?"

"Someone cut into him and gift-wrapped his guts?"

Diese Sequenz inszeniert eine schrecklich-komische Körpermodifikation, die im Dialog fasziniert-belustigt thematisiert wird; sie gibt wenig später Anlass zum Erzählen von Witzen. Der Fund ist typisch für die Beschäftigung der Serie mit dem Körperinnern und markiert den Anfang einer Suche nach dem Serientäter „Dr. Jekyll", die sich über die ganze Staffel erstreckt. Das Organgeschenk ist ein narrativ kunstvoller Einstieg in diesen Erzählstrang, könnte aber visuell kaum künstlicher wirken. Bilder des Körperinneren, wie die Organe in diesem

Beispiel, sind in der Serie häufig und sollen körperlich-wissenschaftliche Authentizität vermitteln. Mit dieser buchstäblichen Einsicht in den Körper inszeniert *CSI* eine extreme Sichtbarkeit, und suggeriert damit Nähe zum Gewaltverbrechen. Dennoch führen auch diese Bilder den Blick weg von der Gewalt, die sie implizieren. Einerseits ist die Artifizialität der Organe augenfällig, andererseits abstrahieren sie als schiere Materie den toten Körper. Zudem bedeutet das Besprechen des Körpers im pathologischen Kontext, dass vom Toten nur forensisch relevante Körperteile betrachtet werden; auch hier bringt der Fokus auf die verknoteten Organe mit sich, dass der Tote aus dem Blick fällt. Das komische Körperinnere kann also auch als narratives Mittel verstanden werden, die Gewalttat zur körperlichen Kuriosität zu reduzieren. So bleibt auch der Fokus der Szene auf dem wissenschaftlichen Interesse der Betrachtenden, und nicht auf der Gewalterfahrung des Betrachteten.

In einer Serie, die weniger durch narrative Komplexität als durch hypermoderne Visualität und wissenschaftlichen Positivismus auszeichnet, kann eine solche Positionierung des Körpers als analytisch-humoristische Materie nicht überraschen. Dennoch steht der Umgangston in einem eigentümlichen Kontrast zum Pathos, welches *CSI* ebenso eigen ist. Betrachtet man dieses Pathos aber genauer, fragt sich, ob es nicht das gleiche tut, wie der Humor; auch das Pathos schafft Distanz zwischen dem Gewaltgeschehen und den Zuschauenden. Das vielleicht deutlichste Beispiel der zehnten Staffel für ein solches Pathos bietet die *CSI: Trilogy,* eine Zusammenarbeit der drei *CSI*-Serien. Ein Menschenhandelsring führt die Hauptfigur Ray Langston nach Miami und New York, wo er mit den leitenden CSI der Ablegerserien ermittelt. Diese Zusammenarbeit bedeutet einen dramatischen Höhepunkt der Serie, und mit einer entsprechenden Ernsthaftigkeit werden die Opfer dieser Verbrechen thematisiert. So sagt Langston zum Hauptermittler von *CSI: New York* (in 6.07, „Hammer Down") „Mac, I've seen what they do to these women. And it's…" Er schüttelt den Kopf. „Body parts strewn by the high way." Das Verstummen („it's…") markiert hier etwas Unsagbares. Die Gewalt, die an den Frauen ausgeführt wird, kann nicht bezeichnet werden, sie wird stattdessen in einem Bild wiedergegeben: Am Straßenrand verstreute Körperteile. Damit verweist Langston auf den Frauenhandel, bei dem junge Frauen von LKWs quer durch die Staaten verfrachtet werden. Sie werden zur Prostitution gezwungen oder für Organhandel missbraucht und gegebenenfalls auch entsorgt: „That's when they become body parts." Die Zersetzung des Körpers in seine Einzelteile, die in den bisherigen Beispielen Anlass gab zu einem wenig emphatischen, viel eher belustigt-interessierten Blick auf die Toten wird hier zum Bedeutungsträger kollektiver Gewalt an Frauen.

Eigentümlich ist dabei vor allem die visuelle Narration der Gewalt. In typisch rekonstruktiver *CSI*-Manier werden (vor dem oben zitierten Gespräch) die bisherigen Ergebnisse von den Ermittelnden nacherzählt. Dies wird von einer illustrativen Sequenz ergänzt, welche die Gefangenschaft und Gewaltausübung an diesen Frauen in unscharfen und schnell geschnittenen Bildern wiedergibt. Das spurlose Verschwinden der Frauen wird durch Überblendung dargestellt: Die jungen Frauen lösen sich im Bild auf. Dann werden erneut die beiden Hauptermittler fokussiert, die über die Schwere der Aufgabe sprechen, die Eltern der verschleppten Mädchen anzurufen, ohne guten Bescheid.

> Langston: *„It never gets easier, does it?"*
> Mac: *„I've told parents about their dead and missing kids more times than I can count. The first time was one too many. One day a woman whispers thank you to me, through her tears. And I realize that she just needed to know that there was somebody that was doing everything they could to save their child. And that's what you are doing, Ray."*

Die Eigentümlichkeit dieses Pathos liegt unter anderem darin, dass die Szene zwar unsagbares Leiden vieler Opfer thematisiert, diese aber nur in einer hypothetischen Sequenz zeigt, welche die vorläufigen Schlussfolgerungen der Ermittelnden – also deren Vorstellung – visualisieren. Diese für die Serie häufige visuelle Rekonstruktion soll zwar den Eindruck von Nähe zum Geschehen vermitteln, rückt die Sequenz der Gewaltdarstellung aber zugleich in eine von der Realität der Ermittlungen klar abgehobene, hypothetische Sphäre. Vor allem aber wird in dieser Szene das Leiden der Ermittelnden an diesen Vorstellungen und an der Verantwortung für diese Frauen thematisiert, und nicht die eigentliche Gewalt.

Mit einer fast ins Komische kippenden Emphase schließt Langston das Gespräch mit „Let's go get this guy, Mac." Gemeinsam gehen sie auf den Sonnenuntergang zu, bevor zum zweiten Mal in kurzer Folge die Freiheitsstatue ins Bild kommt. Das Pathos dieser Szene verkennt nicht nur die kriminalistische Problematik eines Verbrechernetzes, das sich nicht mit einer Person dinghaft machen lässt, sondern verstellt auch den Blick auf die Gewalt, die sie vorgibt zu thematisieren. Die Ermittler fungieren hier als Stellvertreter des Leidens; die an ihrer Verantwortung leidenden Männer verdecken das Leiden der Gewaltopfer, die zu schieren Körperteilen werden. Es geht hier nicht mehr darum, dass alles getan wird, sondern dass *jemand* alles tut. Das heißt hier auch: jemand bestimmtes, jemand anderes, nicht wir alle.

Die rekurrente Betonung der Empathie der Ermittelnden bedeutet hier auch, dass die Zuschauenden vom Imperativ des Mitleids befreit sind: *jemand* kümmert sich darum – so kann die Struktur der Serie überhaupt gelesen werden. Dies wiederum stellt eine entscheidende Distanz her zu den eigentlichen Gewaltopfern. Die Gewalt wird nicht nur rekonstruktiv erzählt und hypothetisch visualisiert, auch sind die Betroffenen, die Ermittler, längst ausgemacht, und ersparen damit den Zuschauern die Betroffenheit.

Damit nimmt der Pathos, wie er in *CSI* inszeniert wird, eine ähnliche Funktion ein wie auch der Humor; auch er bedeutet das Ersparen eines Gefühlsaufwandes. Das Sprechen von am Straßenrand verteilten Körperteilen hat eine ähnliche Wirkung wie der Kopf, der aus der Bowlingmaschine kugelt oder die Menschenflüssigkeit im Behälter: Die Inszenierung, ob humoristisch, analytisch oder pathetisch, schafft abstrakte Identitäten, zersetzt die Körper und schafft damit Distanz zur Gewalt, die an ihnen verübt wurde.

Literatur

Bronfen, E. (2004): Nur über ihre Leiche, München.

Freud, S. (1992): Der Witz und seine Beziehung zum Unbewussten (1905) / Der Humor (1927), Frankfurt a. M.

Pfaller, R. (2009): Das schmutzige Heilige und die reine Vernunft, Frankfurt a. M.

Macho, T./Marek, K. (2007): Die neue Sichtbarkeit des Todes, München.

Autoren

Nils Bothmann, M.A., Studium der Anglistik, Mittleren-Neueren Geschichte und Theater-, Film- & Fernsehwissenschaft an der Universität zu Köln. Er schreibt an seiner Dissertation mit dem Titel *DetAction: The Works of Shane Black*, ist Redakteur beim Filmmagazin *Schnitt* sowie als Filmjournalist und Medienwissenschaftler tätig. Forschungsschwerpunkte sind Genretheorie, der Actionfilm, Männlichkeitskonzepte in den Medien und Crime Fiction.

Adrian Bruhns, M.A., Studium der Philosophie, Germanistik und Amerikanistik, Mitglied des Courant Forschungszentrums für Textstrukturen der Georg-August-Universität Göttingen sowie wissenschaftliche Hilfskraft in der Theodor Fontane-Arbeitsstelle des deutschen Seminars der Universität Göttingen, promoviert über die begrifflichen Abhängigkeitsverhältnisse narratologischer Konzepte von Theorien der Fiktionalität und Fiktivität.

Rasmus Greiner, Dr. phil., Studium der Medienwissenschaft, Neueren Geschichte und Neueren Deutschen Literatur, Promotion über die filmische Darstellung der neuen Kriege. Publikationen zu Krieg und Gewalt in Film und Fernsehen, u.a.: Die neuen Kriege im Film (Marburg 2012), weitere Veröffentlichungen zu den Themenbereichen Bildgestaltung und Medienwandel. Aktuelle Forschungsschwerpunkte im Bereich der Filmästhetik und der audiovisuellen Produktion von Geschichte.

Matthias Clemens Hänselmann, M. A., Studium der Germanistik, Kunstgeschichte, Geschichte und katholischen Theologie, promoviert über die Semiotik des Zeichentrickfilms und die generische Klassifikation des Anime. Konferenzbeiträge zum Anime und die Funktionalisierung fantastischer Elemente im Zeichentrick u. a. bei der GFF Zürich; weitere Veröffentlichungen zur Lyrik Reinhold Schneiders und der Frühen Neuzeit.

Christian Hoffstadt, Dr. phil, Studium der Philosophie und Literaturwissenschaft an der Universität Karlsruhe; 2008 Promotion, Dissertation mit dem Titel „Denkräume und Denkbewegungen. Untersuchungen zur Architektur-Metaphorik in der Philosophie"; Mitbegründer und Reihenherausgeber der Buch- und Veranstaltungsreihe „Aspekte der Medizinphilosophie" sowie Begründer und Reihenherausgeber der Buchreihen „Komik und Gewalt – Comic and violence – comique et violence" und „Post-apocalyptic Studies". www.christian-hoffstadt.de

Anna Katharina Knaup, M.A., Studium der Germanistik, Politikwissenschaft, Komparatistik und Kulturpoetik. Promoviert über den deutschen Männerroman als Phänomen der Gegenwartsliteratur an der Westfälischen Wilhelms-Universität Münster, wo sie außerdem als wissenschaftliche Hilfskraft tätig ist. Sie ist Mitbegründerin und Vorstandsmitglied der Internationalen Gisela Elsner Gesellschaft sowie freie Journalistin bei verschiedenen Tageszeitungen, einer Kunstzeitschrift und im Hörfunk. Zu ihren Forschungsschwerpunkten gehören Gegenwartsliteratur und -film sowie Gender Studies.

Lisa Korge, B. A., absolviert nach dem Studium der Europäischen Kultur und Ideengeschichte am Karlsruher Institut für Technologie (KIT) aktuell ihr Masterstudium im Fach Geschichte an der Universität Konstanz und ist wissenschaftliche Hilfskraft am Lehrstuhl für Neuere und Neuste Geschichte bei Professor Dr. Jürgen Osterhammel. Sie interessiert sich für kultur- und historiographiegeschichtliche Zusammenhänge sowie globale Vernetzungsprozesse seit der Frühen Neuzeit.

Markus Kügle, B. A., wissenschaftliche Hilfskraft am Institut für Medienwissenschaften in Marburg. Er absolviert aktuell den Master-Studiengang "Medien und kulturelle Praxis: Geschichte, Ästhetik, Theorie" an der Philipps-Universität in Marburg und wird diesen 2013 abschließen.

Alexander Schlicker, M.A., Studium der Neueren Deutschen Literatur, Kunstgeschichte, Linguistik und Politischen Wissenschaft, Projekttutor und Lehrbeauftragter am Institut für Deutsche Philologie der Ludwig-Maximilians-Universität München, laufende Promotion zu einer Typologie von Autorschaftskonzepten und Praktiken der Autorinszenierung in der Filmgeschichte. Vorträge/Publikationen im Bereich der Game Studies (u.a. zu einer Genretheorie des Survival-Horrors) und der Filmwissenschaft (u.a. zu Präsenzeffekten im Werk von Jean-Luc Godard, Figurationen des Filmkörpers/Körperfilms bei Rainer Werner Fassbinder, Blickregime und Autorkonstruktionen bei Michael Haneke). Weitere Forschungsschwerpunkte im Bereich Serialität/Serie, Genre- und Medientheorie, Autorschaft in Literatur/Film, Computerspielanalytik.

Sarina Tschachtli, lic. phil., Studium der Deutschen und Englischen Literatur- und Sprachwissenschaft an der Universität Zürich, ist seit 2011 Assistentin am Deutschen Seminar der Universität Zürich und promoviert über Körperbilder zwischen medizinischen und religiösen Diskursen in barocker Literatur.

KOMIK UND GEWALT | COMIC AND VIOLENCE | COMIQUE ET VIOLENCE

Band 1

Christian Hoffstadt/
Stefan Höltgen (eds.)

Sick Humor

2011; 98 Seiten; 12,80 EUR [D]

ISSN 2191-804X
ISBN 978-3-89733-232-4

Band 2

Eileen Williams-Wanquet/
Anne D. Peiter (éds.)

L' ironie comme arme

2011; 86 Seiten; 12,80 EUR [D]

ISSN 2191-804X
ISBN 978-3-89733-236-2

Band 3

Christian Hoffstadt
Sabine Müller (eds.)

Doppelgänger, Polygänger, Alter Egos

2012; 91 Seiten; 12,80 EUR [D]

ISSN 2191-804X
ISBN 978-3-89733-263-8

projektverlag.
Verlag für Wissenschaft & Kultur

PF 10 19 07 · D-44719 Bochum
Telefon 0234.3 25 15 70 · Telefax 0234.3 25 15 71

Vertrieb@projektverlag.de   Lektorat@projektverlag.de   www.projektverlag.de